KreativZeit

# 100 Draußen-Ideen,
## die Ihr Kind fördern

# Inhaltsverzeichnis



## Sinneserfahrung



## Kreativ gestalten

## Experimente



## Spielen

# Liebe Eltern,

alle Kinder sind neugierig und experimentierfreudig und es fällt ihnen leicht, spontan kreativ zu sein. Beobachten Sie Ihr Kind in der freien Natur: ein Sandberg, eine Wiese, ein umgestürzter Baumstamm – oft reichen wenige Anregungen, damit Ihr Kind sich ganz einem Spiel hingibt. Fördern Sie die Neugier Ihres Kindes, wecken Sie seinen Entdeckergeist.

Lassen Sie sich von den Anregungen in diesem Buch inspirieren, probieren Sie manche davon gemeinsam mit Ihrem Kind aus und entwickeln Sie andere weiter.

In vier Kapiteln stellen wir Ihnen 100 Ideen vor, wie Sie die Sinne Ihres Kindes schulen, Sie mit und in der Natur basteln und kreativ sein können, Sie die Freude am Forschen und Entdecken wecken und schließlich wie Ihr Kind in der freien Natur toben, spielen und Spaß haben kann.

Wählen Sie die Projekte ganz nach Wunsch und Laune aus: Vielleicht möchten Sie an einem aufregenden Tag zwischendurch etwas Ruhiges für die Sinne ausprobieren. Oder Sie haben bei einem Herbstspaziergang im Wald viele schöne Fundstücke gesammelt und möchten sie nun in einem Bastelprojekt kreativ verwenden.

Vielleicht haben Sie aber auch Lust, gemeinsam etwas zu erforschen? Oder Sie möchten Ihrem Kind helfen, Spannungen abzubauen und einfach draußen mit ihm spielen – vielleicht auch gemeinsam mit Besuchskindern.

Die Natur ist bunt, vielseitig und wenig perfekt – vergessen daher auch Sie beim gemeinsamen Aktiv- und Kreativsein den Perfektionsanspruch!

Der Stern Ihres Kindes ist krumm und schief, das Wasserexperiment artet in eine Wasserschlacht aus? Das macht gar nichts. Sicher hatte Ihr Kind Spaß, hat eine Menge erlebt und viel zu erzählen. Indem Sie die Freude am Tun und Ausprobieren bei Ihrem Kind fördern und zulassen, legen Sie den Grundstein für selbstmotivierte Entwicklung und Neugier auf Wissen und Bildung.
Die Projekte in diesem Buch schulen und fördern unterschiedlichste Fertigkeiten und Fähigkeiten Ihres Kindes. Geübt werden Grob- und Feinmotorik, Auge-Hand-Koordination, Konzentration, aber auch Geduld – manchmal eine wichtige Eigenschaft für das Erleben von Natur. Ihr Kind schult seine Sinne, seine Beobachtungsgabe und seine Denkfähigkeit, es entwickelt seine Sprache und sammelt Wissen über verschiedene Materialien und deren Eigenschaften.

Vor allem aber kann sich Ihr Kind draußen bewegen und richtig austoben. Trauen Sie Ihrem Kind etwas zu – lassen Sie es klettern, toben, sich schmutzig machen. Das stärkt sein Selbstbewusstsein und das Vertrauen in die eigenen Fähigkeiten. Nicht zuletzt verbringen Sie Zeit mit Ihrem Kind – einer der schönsten Aspekte. Also nichts wie raus in die Natur – das Wichtigste ist, dass Sie gemeinsam Spaß haben!

Sandra Grimm

# Sinneserfahrung

**Die Natur regt unsere Sinne an wie kein anderes Umfeld. Farbvielfalt im Sommer oder Hell-Dunkel-Kontraste im Winter – die Augen nehmen ständig intensiv die Umgebung wahr. Auch Gerüche lassen sich zu jeder Jahreszeit wahrnehmen. Und die Ohren hören immer etwas, selbst wenn es eigentlich ganz still ist. Und sogar wenn wir gar nichts anfassen, spüren wir scharfen Wind, eisige Kälte oder wärmende Sonnenstrahlen auf der Haut. Die Sinneseindrücke, die wir draußen erfahren, prägen unsere Stimmungen und Gefühle. Gehen Sie deshalb mit Ihrem Kind nach draußen und genießen Sie mit allen Sinnen!**

# 1 Peeling-Feeling

## SIE BRAUCHEN:

• Sand • 4 Plastikbecher • Lebensmittelfarbe oder Wasserfarben • evtl. Pinsel

Sand fühlen ist für Kinder ein sehr intensives Erlebnis. Jedes Kind lässt gern trockene Sandkörner durch seine Finger rieseln oder matscht mit nassem Sand herum. Probieren Sie einmal aus, mit Sand zu malen. Ihr Kind füllt die Becher halb mit Sand. Geben Sie Wasser und Lebensmittelfarbe oder Wasserfarben hinzu, bis der Sand gefärbt ist, und rühren Sie gemeinsam kräftig um. Nun können Sie mit buntem Sand auf die Haut malen. Sie können die Finger oder auch einen Pinsel nehmen. Ihr Kind kann Streifen nebeneinander malen, kleine Punkte auf die Haut tupfen oder alle Farben mischen. Es fühlt sich wie ein kleines Haut-Peeling an. Lassen Sie den Sand trocknen. Spannt das auf der Haut? Mit Wasser spülen Sie schließlich alles ruckzuck wieder ab.

### Tipp:

**Sie können den gefärbten Sand in den Bechern auch trocknen lassen. Malen Sie mit Klebstoff Kreise oder einen Namen auf Papier und streuen Sie den Sand darauf. Schütten Sie den überschüssigen Sand vom Blatt und wie durch Geisterhand entsteht ein Bild!**

### KREATIVE FÖRDERUNG

→ Ihr Kind kann experimentieren.

→ Ihr Kind schult seine Sinne.

**Geeignet:** ab 3 Jahren

**Zeitaufwand:** ca. 20 Minuten

**Jahreszeit:** Frühling, Sommer

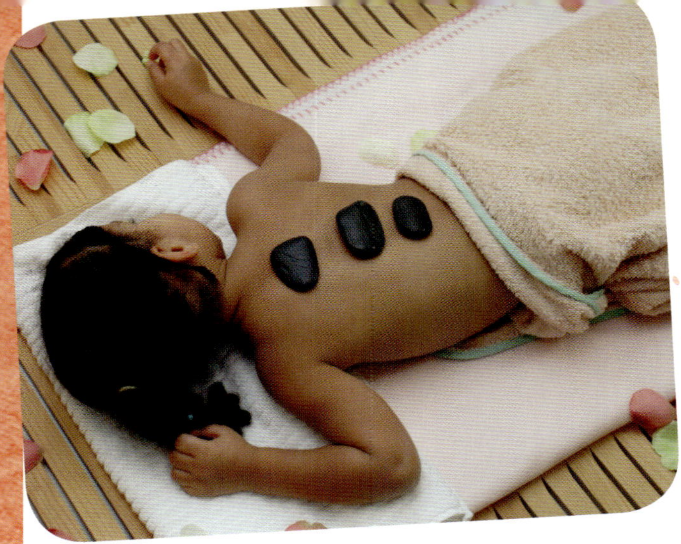

# 2 Spür-Steine

## SIE BRAUCHEN:

• 3–4 glatte, flache Steine, ca. handtellergroß • 2 Eimer oder Schüsseln • Handtuch

Für dieses wunderbare Spürspiel sollte es warm und sonnig sein. Füllen Sie mit Ihrem Kind eine Schüssel mit warmem (nicht heißem!) und eine mit kaltem Wasser. Stellen Sie die Schüsseln gemeinsam mit den Steinen und einem Handtuch auf den Boden. Nun darf Ihr Kind die Steine in die Schüsseln geben. Dann zieht es sein T-Shirt aus oder schiebt es hoch, damit der Rücken frei ist, und legt sich auf den Boden. Nehmen Sie nun einen Stein aus dem warmen Wasser, trocknen ihn ganz kurz am Handtuch ab und legen ihn auf die Haut Ihres Kindes. Legen Sie danach einen kalten Stein (abgetrocknet) auf die Haut. Variieren Sie die Stellen: mal oben am Rücken, mal unten, mal seitlich. Sie können die Steine auch mal nass lassen, dann fließt das Wasser die Haut entlang. Fragen Sie Ihr Kind, was ihm am angenehmsten ist. Es ist aber auch sehr schön, die Steine schweigend zu legen, damit Ihr Kind voll und ganz spüren und genießen kann.

### KREATIVE FÖRDERUNG

→ Ihr Kind lernt, seinen Körper wahrzunehmen.

→ Ihr Kind darf genießen.

**Geeignet:** ab 3 Jahren
**Zeitaufwand:** 10–15 Minuten
**Jahreszeit:** Sommer

# 3 Heubad

**Geeignet:** ab 3 Jahren
**Zeitaufwand:** 15 Minuten
**Jahreszeit:** ganzjährig

## SIE BRAUCHEN:

- Heu (z. B. auf einem Bauernhof beim Tag der offenen Tür)

Ein Heubad ist ein sehr intensives und lustiges Erlebnis für Kinder. Wenn Sie einen Bauernhof mit Scheune finden, in dem Ihr Kind toben darf, ist das wunderbar. Vielleicht haben Sie (oder Bekannte) auch einen Rasen – dann kann man ihn ohne Auffangkorb mähen und das Gras liegen lassen. Ist es getrocknet, harken Sie es auf einen Haufen – so kann Ihr Kind ebenfalls im Heu spielen. Erleben Sie gemeinsam das duftige Heu ganz intensiv: Werfen Sie es in die Luft, lassen Sie sich hineinfallen, zaubern Sie sich und Ihrem Kind eine Perücke. Spielen Sie Vogelscheuche: Stopfen Sie etwas Heu in Arm- und Beinausschnitte und stapfen Sie hölzern herum. Schön ist auch, sich einfach ins Heu zu legen und die Wolken anzuschauen. Oder eine Geschichte zu erzählen. Oder noch besser: einmal im Heu zu schlafen.

### ? KINDERWISSEN

Wenn Gras trocknet, wird es Heu. Die getrockneten Halme (ohne Ähren) von Getreide nennt man Stroh. Heu wird meistens an Tiere verfüttert, Stroh hingegen als Unterlage in Ställe, Käfige etc. gegeben. Manche Tiere fressen aber auch hin und wieder Stroh.

### KREATIVE FÖRDERUNG

→ Ihr Kind spürt mit allen Sinnen.

→ Ihr Kind tobt sich aus.

Geeignet: ab 3 Jahren
Zeitaufwand: 20 Minuten
Jahreszeit: ganzjährig

# 4 Pflanzen-Spaß

## SIE BRAUCHEN:

- einen Platz, an dem Klett-Pflanzen wachsen

Kletten und andere Pflanzen, von denen Teile an der Kleidung hängen bleiben, wachsen auf Äckern, an Hecken und Waldrändern. Achten Sie beim nächsten Spaziergang einmal genau darauf. Wenn Sie nicht ganz sicher sind, zupfen Sie ein Stück ab und werfen es an Ihre Hose. Bleibt es hängen? Kletten machen Kindern großen Spaß. Ihr Kind kann zunächst ausprobieren, wo die Pflanzenteile überall haften bleiben. Dann können Sie sich gegenseitig damit schmücken: Stängel von Kletten-Labkraut als Fuß-, Arm- oder Beinkettchen oder lieber als Gürtel? Natürlich können Sie auch prima Fangen spielen: Der Fänger rennt dem Fliehenden hinterher und wirft eine Klette, wenn er nah genug ist. Bleibt sie an der Kleidung des Fliehenden hängen, werden die Rollen getauscht. Ebenso können Sie damit Plumpsack spielen – statt einen Ball hinter dem Rücken abzulegen, wird dem Kind eine Klette an den Rücken geworfen.

### ? KINDERWISSEN

Es gibt verschiedene Klettenpflanzen. Die hier erwähnte heißt Kletten-Labkraut. Sie hat an ihren Stängeln und Früchten klebrige Borstenhaare, die an Tierfellen und Kleidung hängen bleiben. So sorgt die Pflanze dafür, dass ihre Samen sich verbreiten.

### KREATIVE FÖRDERUNG

→ Ihr Kind lernt etwas über eine Pflanze.

→ Ihr Kind lernt, Pflanzen zwischen anderen zu erkennen

**Geeignet:** ab 3 Jahren
**Zeitaufwand:** 15 Minuten
**Jahreszeit:** ganzjährig

# 5 Ein Bild von mir!

## SIE BRAUCHEN:

• viele Kastanien oder kleine Steine u. Ä. • ggf. Straßenkreide

Wie groß bin ich? Wie sehe ich aus? Es ist so spannend, sich selbst zu entdecken! „Malen" Sie ein Bild von ihrem Kind: Zunächst sammeln Sie gemeinsam viele Kastanien. Genauso eignen sich Steinchen, Eicheln oder Stöckchen. Dann legt Ihr Kind sich auf die Erde, Arme und Beine von sich gestreckt. Platzieren Sie nun eine Kastanie neben die andere – nah am Körper Ihres Kindes. Es entsteht ein Umriss von seinem Körper. Wenn Sie fertig sind, steht Ihr Kind vorsichtig auf. Nanu? Das bin ja ich! Jetzt ist Ihr Kind an der Reihe und darf einen Umriss von Ihnen – oder einem anderen Kind – legen. Sie können die Selbstwahrnehmung Ihres Kindes weiter schulen, indem Sie gemeinsam überlegen, wo im Umriss die Körpermitte ist, wo die Augen und der Bauchnabel – zeichnen Sie die markanten Stellen einfach mit Straßenkreide ein.

### Tipp:

**Ihr Kind kann im Hocken selbst seinen Fußumriss legen. Vielleicht gleich mehrere: abwechselnd rechts und links – so entsteht eine richtige Spur!**

### KREATIVE FÖRDERUNG

→ Ihr Kind lernt seinen Körper kennen.

→ Ihr Kind kommt innerlich zur Ruhe.

# 6 Farbe selbst gemacht

## SIE BRAUCHEN:

• Pflanzen für die Farbherstellung (z. B.: Grün: Spinat oder Brennnesseln, Rot: Rote Beete, Gelb: Zwiebeln, Braun: Tee, Blau: Heidelbeeren) • Topf • 2 Siebe (grob- und feinmaschig) • leere Marmeladengläser • Pinsel • Papier, evtl. Tapete

Es ist gar nicht so schwer, Farben aus Pflanzen herzustellen. Kochen Sie eine Handvoll der Pflanzen (nach Farbe getrennt!) in etwas Wasser auf und lassen Sie sie 5–15 Minuten köcheln. Gießen Sie den Sud erst durch das grobe und dann noch mal durch ein feines Sieb und geben Sie die Farbe in ein leeres Marmeladengläschen. Nun können Sie mit Ihrem Kind malen. Vielleicht legen Sie ein großes Stück Tapete auf den Rasen (Vorsicht bei Holz- oder Steinterrassen: Die Farben färben z. T. stark!) und los geht es. Ihr Kind kann mit einem Pinsel malen oder auch die Finger dazu benutzen – die werden dann lustig bunt!

### Tipp:

**Sie können Wasser auch mit Gewürzen färben (z. B. Curry, Kurkuma, Paprika, Zimt) und damit malen. Das ist zusätzlich ein intensives Dufterlebnis!**

### KREATIVE FÖRDERUNG

→ Ihr Kind lernt seinen Körper kennen.

→ Ihr Kind kommt innerlich zur Ruhe.

**Geeignet:** ab 3 Jahren

**Zeitaufwand:** 30–60 Minuten

**Jahreszeit:** ganzjährig

**Geeignet:** ab 3 Jahren
**Zeitaufwand:** ca. 20 Minuten
**Jahreszeit:** Sommer

# 7 Barfuß-Fühlpfad

## SIE BRAUCHEN:

• verschiedene Naturmaterialien (z. B. Gras, Steine, Stöckchen, Blätter, Sand, Erde, Blütenblätter, kleine Blüten, Federn, Tannenzapfen, Kastanien oder Eicheln) • altes Handtuch • kleine Obstkisten o. Ä.

Auch mit den Fußsohlen können wir intensiv fühlen. Bauen Sie gemeinsam mit Ihrem Kind einen kleinen Wellness-Weg. Sammeln Sie viele Materialien für den Fühlpfad. Dann füllen Sie kleine Obstkisten o. Ä. mit den Naturfundstücken. Jede Kiste bekommt ein anderes Material. Am spannendsten wird es, wenn die Materialien sich von Kiste zu Kiste deutlich unterscheiden. Interessant ist auch, in eine Kiste ein altes Handtuch zu legen und es komplett mit eiskaltem Wasser zu tränken. Ist alles fertig, kann Ihr Kind über den Weg laufen. Mag es das? Welches Kistchen mag es am liebsten? Was gefällt Ihnen am besten?

### Tipp:

**Nach mehrmaligem Hindurchlaufen vermischen sich die Materialien kräftig. Das lässt sich nicht ändern. Ermahnen Sie Ihr Kind nicht ständig zur Vorsicht, das schränkt das Sinneserlebnis sehr ein. Schütten Sie die gemischten Materialien einfach fort und füllen Sie die Kästchen neu.**

### KREATIVE FÖRDERUNG

→ Ihr Kind nimmt sich intensiv wahr.

→ Ihr Kind lernt Materialien kennen und sortieren.

# 8 Erd-Erfahrung

**SIE BRAUCHEN:**

**• kleine Töpfe (z. B. Tontöpfe oder Pflanztöpfe) • Blumenerde • Schaufel • Kräutersamen (z. B. Basilikum, Schnittlauch, Thymian, Rosmarin, Minze, Kresse) • kleine Papierfähnchen • Stift**

Mit den Händen in Erde zu arbeiten, ist ein sehr sinnliches Erlebnis, das Kinder begeistert. Stellen Sie einen Sack Blumenerde bereit. Ihr Kind füllt die kleinen Töpfe mit Erde. Es sollte dabei die Erde nicht festdrücken und oben einen Rand freilassen. Nun streut Ihr Kind die Samen auf und krümelt darüber wieder eine kleine Schicht Erde (für weitere Pflanzhinweise bitte die Packungsrückseite der Samentütchen beachten). Nun darf es die Töpfchen gießen – nicht zu viel und am besten mit einer Tülle. Schließlich beschriften Sie die Fähnchen mit den passenden Kräuternamen. Stellen Sie die Töpfe an einem windgeschützten, sonnigen Platz auf. Nach wenigen Tagen beginnen die ersten Pflänzchen zu sprießen. Wie spannend! Lassen Sie Ihr Kind die Erde gießen, wenn sie trocken ist – das kann es sicher schon erfühlen!

## Tipp:

**Sind die Kräuter gewachsen, sollten sie natürlich auch geerntet werden! Ihr Kind darf sie mit einer Schere abschneiden, waschen und zum Frühstück oder Abendbrot präsentieren. Lecker!**

### KREATIVE FÖRDERUNG

→ Ihr Kind lernt beobachten und abwarten.

→ Ihr Kind erlernt eine neue Fähigkeit: Säen.

**Geeignet:** ab 3 Jahren

**Zeitaufwand:** 20–30 Minuten

**Jahreszeit:** Sommer

# Blüten-Tattoo

## SIE BRAUCHEN:

• Blütenblätter • Pinsel • Schüssel mit Wasser • evtl. Hautcreme

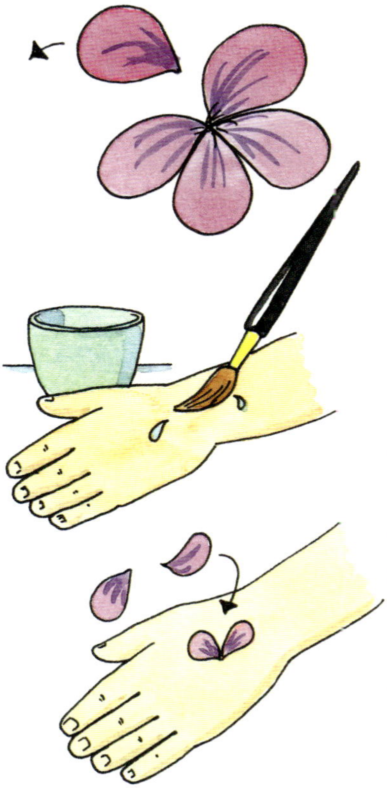

Zunächst suchen Sie gemeinsam mit Ihrem Kind z. B. auf einer Wiese nach bunten Blumen mit hübschen Blütenblättern. Die Blütenblätter sollten nicht zu klein sein (ab ø 1,5 cm). Zu Hause zupft ihr Kind die Blätter von den Blüten, schön vorsichtig, damit sie nicht zerreißen. Wie das duftet! Stellen Sie nun Wasserschüssel und Pinsel bereit. Ihr Kind überlegt nun, wo das Tattoo hin soll. Für den Anfang eignen sich Hände, Arme oder Füße sehr gut. Später kann man auch schöne Ketten um den Hals, einen Kranz um den Bauchnabel oder hübsche Masken ins Gesicht legen. Für die Verzierungen pinseln Sie nun die Haut des Kindes mit Wasser ein. Dann legen Sie die Blütenblätter in einem schönen Muster darauf. Das kitzelt bestimmt. Oder ist es angenehm? Später darf Ihr Kind auch mal verzieren – Sie oder sich selbst ...

### Tipp:

**Sie haben nur Blütenblätter erwischt, die steif sind und mit Wasser nicht halten? Dann tragen Sie eine dünne Creme-Schicht auf die Haut Ihres Kindes auf, so halten auch kräftigere Blütenblätter.**

**Geeignet:** ab 3 Jahren
**Zeitaufwand:** 10–15 Minuten
**Jahreszeit:** Sommer

### KREATIVE FÖRDERUNG

→ Ihr Kind spürt intensiv.
→ Ihr Kind kommt innerlich zur Ruhe.

# 10 Duft-Dosen

**SIE BRAUCHEN:**

• leere Marmeladengläser mit Deckel • duftende Naturfundstücke

In der Natur gibt es viele schöne Gerüche! Schulen Sie mit Ihrem Kind die Sinne: Suchen Sie bei einem Spaziergang nach duftenden Dingen. Das können Blüten von Blumen sein (z. B. Rosen), kleine Zweige einer Tanne, frisch gepflücktes Gras, eine Handvoll Erde, Früchte oder Fruchtstückchen (z. B. Kirschen, Erdbeeren, Äpfel – am besten in Stückchen schneiden), Champignons, Kräuter (Minze, Lavendel, Rosmarin etc.). Holunderblüten duften auch sehr intensiv. Sicher entdecken Sie bald viele verschiedene Düfte. Geben Sie die Fundstücke jeweils in ein Glas und verschließen Sie es mit einem Deckel. Stellen Sie die Gläser nun ein paar Tage auf die Fensterbank. Ihr Kind kann immer wieder daran riechen. Nach einigen Tagen oder auch Wochen (je nach Material) welken, faulen oder schimmeln viele der Materialien. Sie sollten Sie dann zügig entsorgen.

## Tipp:

**Sie könnten vereinbaren, dass die schönsten Düfte immer ganz links stehen und die anderen absteigend daneben. Ihr Kind kann täglich neu entscheiden, was heute sein Lieblingsduft ist.**

## KREATIVE FÖRDERUNG

→ Ihr Kind konzentriert sich bewusst auf einen Sinn.

→ Ihr Kind lernt neue Pflanzen kennen.

**Geeignet:** ab 3 Jahren

**Zeitaufwand:** 20–30 Minuten

**Jahreszeit:** ganzjährig

# Nachts ist alles anders

**SIE BRAUCHEN:**

- Taschenlampen

Nachts ist es dunkel – und im Dunkeln hört und fühlt sich alles ganz anders an. Die Geräusche treten in den Vordergrund, weil die Augen weniger sehen. Gehen Sie mit Ihrem Kind im Dunkeln spazieren. Halten Sie es an der Hand oder nehmen Sie es auf den Arm – bei so viel Spannung braucht Ihr Kind die Sicherheit von Mama oder Papa. Lauschen Sie gemeinsam: Was hören Sie? Leuchten Sie mit der Taschenlampe in Büsche oder Bäume. Suchen Sie den Mond und erklären Sie Ihrem Kind, weshalb er leuchtet. Sehen Sie sich auch die Sterne an. Es ist nicht schwer, sich ein oder zwei Sternbilder einzuprägen, etwa den Großen Wagen (= Großer Bär) oder Kassiopeia (wie ein großes „W"). Finden Sie auch den Polarstern?

**Geeignet:** ab 3 Jahren
**Zeitaufwand:** 20 Minuten
**Jahreszeit:** Herbst, Winter

## KINDERWISSEN

Der Polarstern ist auf der Nordhalbkugel der Erde das ganze Jahr über zu sehen. Er strahlt sehr hell. Falls Sie das Sternbild des Großen Bären (oder Großen Wagens) finden, können Sie seine hintere Achse um das etwa Fünffache verlängern – und Sie sehen den Polarstern.

## KREATIVE FÖRDERUNG

→ Ihr Kind erlebt seine Sinne in einer ungewohnten Umgebung sehr intensiv.

→ Ihr Kind lernt Neues über Sterne und den Mond.

# 12 Fühlkiste

## SIE BRAUCHEN:

• alles, was sie in Ihrer Umgebung an kleinen Naturmaterialien finden können
• 1–2 kleine Kartons • Schere • evtl. Farbe und Pinsel

Schneiden Sie Löcher zum Hineingreifen in die Kartons. Sie können die Kartons mit Farbe verzieren, wenn Sie möchten. Gehen Sie dann gemeinsam auf Entdeckungstour und breiten Sie Ihre Beute nach dem Spaziergang aus. Betrachten Sie diese genau. Nehmen Sie von allen Dingen ein Exemplar heraus. Sprechen Sie darüber, was daran besonders ist: Ist es glatt, rau, hubbelig? Ist es spitz, flach, löchrig? Ist es weich, hart, beweglich? Ihr Kind nimmt alles in die Hand und fühlt genau. Wenn Sie fünf bis zehn Dinge ausgewählt haben (bei älteren Kindern auch mehr), darf Ihr Kind diese in die Fühlkiste legen. Jetzt heißt es suchen! Überlegen Sie sich ein Merkmal, z. B. „spitz". Ihr Kind greift nun in die Kiste und sucht nach etwas, das spitz ist. Hat es eins gefunden, darf es dies herausholen. Ist es wirklich spitz? Bravo! Es geht weiter mit einem anderen Merkmal. Wie wäre es mit „glatt"?

### KREATIVE FÖRDERUNG

→ Ihr Kind schult seinen Tastsinn.
→ Ihr Kind lernt genau zu betrachten.

**Geeignet:** ab 3 Jahren
**Zeitaufwand:** 15 Minuten
**Jahreszeit:** ganzjährig

# 13 Regenlauschen

**SIE BRAUCHEN:**

- Utensilien, die Krach machen können (Alufolie, Metallschüsseln, Plastiktöpfe, Schirm, Kochtopf, Papier, gelber Sack etc.)

Kinder lieben Regen! Machen Sie eine Musikaufführung aus dem nächsten kräftigen Regenschauer: Suchen Sie Utensilien zusammen, die Geräusche machen, wenn ein Tropfen darauf fällt. Dann ziehen Sie sich warm und regengeschützt an. Gehen Sie mit Ihrem Kind in den Prasselregen – vielleicht zunächst mit einem Schirm. Lauschen Sie, wie kräftig die Tropfen auf den Schirm pochen! Halten Sie sich gemeinsam einen Plastiksack über die Köpfe. Hört sich das anders an? Ist es lauter? Stellen Sie nun die Utensilien auf und gehen Sie von einem zum nächsten. Welches klingt laut, welches leise? Gibt es helle und dunkle Töne? Was gefällt Ihrem Kind am besten? Sammeln Sie Regen in einer Schüssel – wie hören sich die Regentropfen an, die in das Wasser fallen?

### Tipp:

**Am schönsten ist es, wenn Sie am Schluss noch zusammen eine Runde im Regen toben – und sich danach herrlich in der warmen Badewanne oder bei einer heißen Dusche wieder aufwärmen!**

**Geeignet:** ab 3 Jahren
**Zeitaufwand:** 10–15 Minuten
**Jahreszeit:** ganzjährig

**KREATIVE FÖRDERUNG**

→ Ihr Kind experimentiert.

→ Ihr Kind schult sein Gehör.

# 14 Wasser-Entspannung

**SIE BRAUCHEN:**

- Planschbecken (Ihr Kind sollte flach darin liegen können) • Wasser • evtl. Tischtennisball

Kinder lieben es, draußen zu planschen. Meistens geht es dabei hoch her, es wird getobt und ordentlich gespritzt. Das ist wunderschön – es geht aber auch mal ganz leise: Ihr Kind legt sich flach auf den Rücken im nicht zu hoch gefüllten Planschbecken. Es kann sich mit den Ellbogen und Hacken abstützen. Spürt es, wie das Wasser den Körper trägt? Nun kann es seinem Atem nachspüren: Atmet Ihr Kind tief ein, hebt sich der Brustkorb an die Wasseroberfläche. Atmet es kräftig aus, sinkt er wieder unter Wasser. Wenn es den Oberkörper aus dem Wasser streckt, kann es die Augen schließen – und Sie tropfen ihm ein oder zwei Tropfen auf die Haut. Es spürt genau nach: Ist das warmes Wasser (nicht heiß!) oder kaltes? Das ist gar nicht so leicht!

Auch eine schöne Idee: Knien Sie sich vor das Becken, Ihr Kind sitzt im Wasser, und pusten Sie einen Tischtennisball hin und her.

## KREATIVE FÖRDERUNG

→ Ihr Kind spürt intensiv mit seiner Haut.

→ Ihr Kind lernt etwas über Auftrieb.

**Geeignet:** ab 4 Jahren
**Zeitaufwand:** 10–15 Minuten
**Jahreszeit:** Sommer

### Tipp:

**Auch bei warmem Sommerregen kann Ihr Kind mal im Planschbecken liegen und sich die Tropfen auf den Rücken platschen lassen – und zuschauen, wie die ins Wasser fallenden Tropfen Minifontänen auslösen.**

# 15 Lagerfeuer-Bratkartoffeln

## SIE BRAUCHEN:

• abgesicherte Feuerstelle • Holz für das Feuer • Alufolie • dicke (vorgekochte) Kartoffeln • Gabeln • Teelöffel zum Auslöffeln • evtl. Kräuterbutter

Bereiten Sie an einer sicheren, geeigneten Feuerstelle ein kleines Lagerfeuer vor (auch ein Feuerkorb eignet sich). Solange das Feuer kräftig prasselt, garen Sie die dicken Kartoffeln in heißem Wasser vor und lassen sie wieder etwas abkühlen. Ihr Kind kann die warmen Kartoffeln dann je in ein doppeltes, großes Stück Alufolie einwickeln. Legen Sie gemeinsam – ganz vorsichtig – die Alupäckchen in die heiße Glut. (Achtung, wenn sie zu nah am Feuer liegen oder das Feuer noch immer zu hoch lodert, verbrennen die Kartoffeln). Nach zehn bis fünfzehn Minuten sind die Kartoffeln schön heiß und haben Geruch und Geschmack des Lagerfeuers angenommen. Nehmen Sie die Kartoffeln aus der Glut und öffnen Sie sie mit den Gabeln. Nun kann Ihr Kind (Vorsicht, heiß!) die Kartoffel auslöffeln. Guten Appetit!

### Tipp:

**Mit einem Klecks Kräuterbutter schmecken die Kartoffeln noch mal so lecker!**

**Geeignet:** ab 4 Jahren
**Zeitaufwand:** 60 und mehr Minuten
**Jahreszeit:** ganzjährig

### KREATIVE FÖRDERUNG

→ Ihr Kind erlebt ein kleines Abenteuer.

→ Ihr Kind lernt etwas übers Garen und Kochen.

16

# Natur-Namen

### SIE BRAUCHEN:

- Naturmaterial (z. B. Stöckchen, Blüten, Kastanien, Steine o. Ä.)

Kann Ihr Kind schon seinen Namen erkennen? Kinder finden es toll, wenn sie ihren Namen lesen und später sogar schreiben können. Es ist eine wichtige Selbsterfahrung, zu erkennen: Das ist mein Name. Er ist (fast) einzigartig und gehört für immer zu mir. Ist er kurz oder lang? Hört er sich weich an oder eher frech? Sprechen Sie gemeinsam über die Buchstaben im Namen Ihres Kindes. „A“ wie Apfel, „B“ wie Biene – erklären Sie ihm die Anlaute. Und dann legen Sie den Namen Ihres Kindes gemeinsam aus Stöckchen, Steinchen oder Blüten. Welches Material ist Ihrem Kind am liebsten? Passt es gut zum Namen oder bildet es einen schönen Kontrast? Probieren Sie auch aus, den Namen in den Sand zu schreiben – oder mit Straßenkreide auf Steine.

### Tipp:

**Erzählen Sie Ihrem Kind, warum Sie diesen Namen ausgewählt haben. Und warum Sie finden, dass genau dieser Name am allerbesten zu ihm passt. Kinder lieben es, zu hören, dass sie für Ihre Eltern etwas ganz Besonders sind.**

**Geeignet:** ab 4 Jahren
**Zeitaufwand:** 10 Minuten
**Jahreszeit:** ganzjährig

### KREATIVE FÖRDERUNG

→ Ihr Kind lernt seinen Namen kennen.
→ Ihr Kind arbeitet kreativ.

17

# Laub-Lust

**SIE BRAUCHEN:**

- Laubhaufen

Der Herbst ist ein Sinnesrausch: Farben leuchten, Früchte und Erde duften und es knistert, raschelt und knackt immerzu. Schon das Laufen mit den Füßen durchs Laub ist ein Genuss für die kindlichen Sinne. Ob im Garten, im Park oder im Wald – überall finden sich Möglichkeiten zur „Laub-Lust". Machen Sie zunächst gemeinsam einen großen Laubhaufen (Ihr Kind kann auch eine kleine Harke zu Hilfe nehmen). Nun geht es los: Ihr Kind kann sich hineinfallen lassen, hindurchrennen, die Blätter in die Luft werfen – machen Sie mit! Schieben Sie den Haufen auch mal vor die Rutsche und Ihr Kind rutscht mitten hinein! Oder Ihr Kind deckt sich mit Blättern zu – vielleicht sogar das Gesicht? Dann darf es hervorspringen und Sie erschrecken – huch!

## Tipp:

**Noch ein schönes Spiel: Sicher kennen Sie das Märchen von den Sterntalern? Erzählen Sie es Ihrem Kind. Dann darf es Sterntaler spielen: Es hält seine Jacke wie die Schürze auf und Sie lassen die Sterntaler (Blätter) regnen. Wie viele hat es gefangen?**

**Geeignet:** ab 3 Jahren
**Zeitaufwand:** 20 Minuten
**Jahreszeit:** Herbst

**KREATIVE FÖRDERUNG**

→ Ihr Kind hat viel Spaß.
→ Ihr Kind tobt sich kräftig aus.

# 18 Kirschkern-Wettspucken

**SIE BRAUCHEN:**

• Kirschen • evtl. Stöckchen • evtl. Eimer

Vielleicht haben Sie die Möglichkeit, die Kirschen direkt vom Baum zu pflücken? Sonst kaufen Sie einfach welche. Nun kann Ihr Kind sie waschen. Wie fühlen sich die Kirschen an? Sicherlich finden Sie zwei Kirschen, die am Stiel verbunden sind. Hängen Sie diese Ihrem Kind als Ohrringe über die Ohren! Nun kann Ihr Kind drauflosnaschen. Mmh, wie das riecht und schmeckt! Am Anfang fällt es Ihrem Kind vielleicht noch schwer, die Kirsche zu essen und den Kern im Mund zurückzubehalten – dann beißt es die Kirsche am besten vorher durch und pult den Kern heraus. Haben Sie ein paar Kerne zusammen, können Sie mit dem Wettspucken loslegen: Wer spuckt am weitesten? Wer schafft es über eine Stöckchen-Linie? Wer sogar in einen bereitgestellten Eimer? Sie können sich auch Kirschen zuwerfen und versuchen, Sie mit dem Mund aufzufangen!

## KINDERWISSEN

Es ist eine alte – falsche – Küchenweisheit, dass man nach dem Verzehr von Kirschen nichts trinken darf. Natürlich dürfen Sie etwas trinken. Es könnte höchstens sein, dass viele Kirschen plus viel Trinken den Magen zu sehr füllen und er daher schmerzt.

## KREATIVE FÖRDERUNG

→ Ihr Kind hat Spaß.

→ Ihr Kind übt seine Mundmotorik.

**Geeignet:** ab 4 Jahren
**Zeitaufwand:** 10–15 Minuten
**Jahreszeit:** Sommer

# 19 Baum-Knuddelei

**SIE BRAUCHEN:**

- Bäume ...

Suchen Sie sich eine ruhige Ecke im Park oder im Garten. Machen Sie es Ihrem Kind vor: Strecken Sie die Arme weit nach außen und schmiegen Sie sich an den Baum. Lehnen Sie das Gesicht gegen die Rinde und schließen Sie Ihre Augen. Ihr Kind fühlt die Struktur der Rinde mit Händen und Gesicht. Es atmet den herben Geruch ein, spürt den Wind und hört die Blätter rauschen. Dann legen Sie gemeinsam den Kopf in den Nacken. Wie hoch das ist! Überlegen Sie: Wie alt mag der Baum sein? Und wie dick ist er? Gelingt es Ihnen, sich bei den Händen zu fassen, wenn Sie ihn beide umarmen? Vielleicht hat er tiefe Äste und Ihr Kind kann darauf klettern und sitzen?

## Tipp:

**Schaffen Sie eine schöne Erinnerung an dieses Erlebnis: Nehmen Sie zwei oder drei Blätter mit. Daheim kann Ihr Kind ein Bild malen und die Blätter aufkleben. Schreiben Sie etwas dazu, z. B. das Datum oder „Mein Knuddel-Baum!“**

**Geeignet:** ab 3 Jahren
**Zeitaufwand:** wenige Minuten
**Jahreszeit:** ganzjährig

### KREATIVE FÖRDERUNG

→ Ihr Kind nimmt die Natur intensiv wahr.
→ Ihr Kind erfährt innere Ruhe.

# 20 Eis-Kracher

**SIE BRAUCHEN:**

- große Folie, die nicht zu schnell reißt, z. B. feste Malerfolie

Liegen die Temperaturen unter dem Gefrierpunkt, legen Sie die Folie auf den Rasen oder auf einen anderen leicht unebenen Grund. Nun gießen Sie mit dem Wasserschlauch oder mit der Gießkanne Wasser auf die Folie – eine richtige Wasserschicht. Am nächsten Morgen ist sie gefroren – und Ihr Kind kann das Eis austesten. Es kann langsam anfangen: Ist es möglich, das Eis zu betreten, ohne dass es zerbricht? Dann kann es kräftiger auftreten – das Eis knackt! Ihr Kind kann schlittern, stampfen und rutschen oder tanzen! Eine gute Gleichgewichtsschulung – und wichtige Erfahrungen im Umgang mit Eisflächen. Am Abend können Sie die Schicht erneuern – vielleicht sogar an mehreren Abenden hintereinander. Wird das Eis so dick, dass es Ihr Kind trägt, ohne zu brechen?

## Tipp:

**Singen Sie: „Jetzt kommt Hampelmann und zeigt, wie gut er springen (laufen, auf einem Bein hüpfen, glitschen, rückwärts gehen usw.) kann. Oh, du mein Hampelmann …" Klatschen Sie dazu, Ihr Kind wird viel Spaß haben!**

## KREATIVE FÖRDERUNG

→ Ihr Kind lernt Neues über Wasser und seine Aggregatzustände.

→ Ihr Kind darf mal bewusst etwas kaputtmachen.

**Geeignet:** ab 3 Jahren

**Zeitaufwand:** 30 Minuten (+ eine Nacht)

**Jahreszeit:** Winter

# 21 Wolkenwunder

**SIE BRAUCHEN:**

- einen sonnigen Tag mit dicken weißen Wolken am Himmel

Suchen Sie sich einen gemütlichen Ort, an dem Sie am besten auch auf dem Rücken liegen können – im Gras oder auf einem Liegestuhl, im Winter vielleicht auf einer Bank. Nun können Sie und Ihr Kind zur Ruhe kommen. Schauen Sie in den Himmel. Was sieht Ihr Kind? Dicke oder dünne Wolken, weiße oder blaue? Vielleicht sehen Sie gemeinsam Formen oder Figuren am Himmel? Sie können um die Wette suchen: Wer entdeckt als Erstes eine Tier-Wolke? Eine Frucht? Oder eine Zahl? Sie können auch überlegen, wer wohl in den Wolken wohnt – die Engelchen? Feen? Wolkenkobolde? Vielleicht fällt Ihnen zusammen eine Geschichte ein? Oder Sie fragen Ihr Kind etwas: Wenn Wut eine Wolke wäre, welche wäre es? Vielleicht eine dicke, dunkle? Gibt es auch eine traurige Tränenwolke, eine lustige Glückswolke oder eine vorwitzige Kitzelwolke?

**Geeignet:** ab 4 Jahren

**Zeitaufwand:** 10 oder viel mehr Minuten

**Jahreszeit:** ganzjährig

## ? KINDERWISSEN

Die schönen dicken weißen Wolken nennt man Haufenwolken (Kumuluswolken). Reihen sich viele kleine Wölkchen wie sortiert aneinander, spricht man von kleinen (Zirrokumuluswolken) oder großen (Altokumuluswolken) Schäfchenwolken. Und die zerrissenen dünnen Wölkchen heißen Federwolken (Zirruswolken).

## KREATIVE FÖRDERUNG

→ Ihr Kind ist kreativ.

→ Ihr Kind kommt innerlich zur Ruhe.

# 22 Edelsteine in Erbsen

## SIE BRAUCHEN:

• Topf oder kleinen Eimer • getrocknete Erbsen • Steinchen mit vielen Ecken und Kanten • Holzkochlöffel

Haben Sie eine Prinzessin oder einen Prinzen auf der Erbse? Zunächst schüttet Ihr Kind die Erbsen in den Topf oder Eimer. Das rauscht schön! Dann gibt es fünf bis zehn kleine Steinchen dazu, die viele Ecken haben, und rührt – z. B. mit einem Holzkochlöffel – kräftig um. Nun heißt es, genau fühlen: Ihr Kind schließt die Augen und versucht, nur durch Ertasten die „Edelsteine" aus den Erbsen herauszusuchen. Wie viele kann es finden? Je jünger Ihr Kind ist, desto deutlicher sollten die Merkmale sein, die das Suchobjekt von den Erbsen unterscheidet (z. B. können Sie auch Gänseblümchenblüten oder Eichelhütchen nehmen). Statt Erbsen können Sie natürlich auch andere Materialien verwenden, z. B. Steinchen, aus denen glatte Murmeln herausgesucht werden, oder Kastanien, aus denen Ihr Kind die Eicheln fischen kann.

### Tipp:

**Sie können auch frische Erbsen nehmen, die sie gemeinsam pulen. Waschen Sie dann vor dem Edelsteinsuchen die Steine gut ab, damit Sie aus den Erbsen später einen leckeren Eintopf kochen können.**

**Geeignet:** ab 4 Jahren
**Zeitaufwand:** 10 Minuten
**Jahreszeit:** ganzjährig

### KREATIVE FÖRDERUNG

→ Ihr Kind übt seine haptische Wahrnehmung.

→ Ihr Kind konzentriert sich.

# 23 Sand-Pyramide

**SIE BRAUCHEN:**

• Sand • Wasser • 3 Eimer oder Schüsseln • kleine Gießkanne

Sandburgen bauen und im Sand matschen, das mögen alle Kinder gern. Füllen Sie gemeinsam die drei Eimer mit Sand. Nun schüttet Ihr Kind mit der Gießkanne unterschiedlich viel Wasser in die Eimer: In den ersten Eimer kommen nur ein paar Tropfen, in den zweiten schon etwas mehr und in den dritten ganz viel. Wie sind die Sandmischungen jetzt geworden? Aus welchem Sand lassen sich dicke Klöße formen? Formen Sie gemeinsam viele dicke Klöße mit dem besten Sand. Stapeln Sie sie dann zur Pyramide: unten sechs Klöße im Dreieck, darüber drei Klöße, oben einen. Klappt es? Oder ist es ein einziger Brei? Dann muss der Sand neu gemischt werden. Schaffen Sie gemeinsam auch eine höhere Pyramide? Lassen Sie am Abend alles stehen und schauen Sie am nächsten Tag wieder nach: Hat es vielleicht geregnet und die Pyramide hat sich aufgelöst? Oder ist der Sand getrocknet? Was wird dann damit passieren?

### KREATIVE FÖRDERUNG

→ Ihr Kind lernt die Material-Eigenschaften von Sand kennen.

→ Ihr Kind lernt etwas über Statik.

### Tipp:

**Sie können die Pyramide auch aus Schnee machen – klein oder groß. Vielleicht stecken Sie dann noch ein paar Sterne hinein, dann haben Sie eine kleine Winter-Figur geschaffen ...**

**Geeignet:** ab 3 Jahren
**Zeitaufwand:** 20 Minuten
**Jahreszeit:** ganzjährig

# 24 Gib dem Jahr ein Gesicht

## SIE BRAUCHEN:

• typisches Naturmaterial aus der Jahreszeit

Gehen Sie auf Sachensuche: Entdecken Sie, was die gerade anstehende Jahreszeit zu bieten hat. Im Frühling finden Sie z. B. viele Blüten und Gräser, im Sommer auch Beeren, Kräuter, Blätter und Blumen, im Herbst bunte Blätter, Früchte, Kastanien und Eicheln und im Winter trockene Blätter, Äste, Steine und Moos. Legen Sie aus den Fundstücken ein Gesicht. Entweder nur ein kleines vor Ihren Füßen – oder gemeinsam ein ganz großes! Betrachten Sie die Dinge dabei ganz genau: Welche Farben gibt es? Wie riechen die Fundstücke? Wie fühlen sie sich an? Schließlich können Sie die Gesichter fotografieren.

### Tipp:

**Wenn Sie in jeder Jahreszeit ein neues Gesicht legen und ein Foto davon machen, können Sie die Bilder wie in einer kleinen Galerie aufhängen, sodass Ihr Kind sie immer wieder betrachten kann. Erinnern Sie sich gemeinsam an Geruch, Wetter, Farben ...**

### KREATIVE FÖRDERUNG

→ Ihr Kind lernt etwas über den Wechsel der Jahreszeiten.

→ Ihr Kind ist kreativ tätig.

**Geeignet:** ab 3 Jahren

**Zeitaufwand:** 15 Minuten

**Jahreszeit:** ganzjährig

# 25 Klapper-Geschichte

### SIE BRAUCHEN:

• Blechschüssel • ca. 2 Hände voll Naturmaterial (z. B. Kastanien, Eicheln, Steinchen u. Ä.)

Sammeln Sie gemeinsam mit Ihrem Kind ca. zwei Hände voll Kastanien, Eicheln, Steinchen oder Ähnliches. Legen Sie z. B. die Kastanien in die Blechschüssel. Ihr Kind kann die Schüssel nun drehen, bewegen und schwenken. Was für Geräusche entstehen da? Nun darf es die Kastanien in der Schüssel mit etwas Schwung in die Höhe schleudern, sodass sie wieder in die Schüssel zurückfallen. Das klappert schön! Welche Geräusche kann Ihr Kind noch zaubern? Haben Sie auch eine Idee? Erzählen Sie eine kleine Gewittergeschichte, in der es laut donnert und leise der Regen rauscht. Sie können die Schüssel auch noch mal leeren und ein Stück entfernt aufstellen. Nun werfen Sie die Kastanien um die Wette. Das knallt ordentlich! Wer trifft die Schüssel? Klingt es anders, wenn eine Kastanie in die leere oder in die bereits gefüllte Schüssel fällt? Füllen Sie die Schüssel auch mal mit Wasser und werfen die Kastanien hinein – platsch!

### Tipp:

**Sie können auch verschiedene Materialien in leere kleine Plastikflaschen füllen. Wie hören sich die verschiedenen Geräusche an? Singen Sie ein Lied und rasseln Sie gemeinsam dazu!**

**Geeignet:** ab 3 Jahren
**Zeitaufwand:** 15 Minuten
**Jahreszeit:** ganzjährig

### KREATIVE FÖRDERUNG

→ Ihr Kind schult sein Gehör.

→ Ihr Kind übt sich in Feinmotorik.

# Kreativ gestalten

Ihr Kind ist ein begeisterter Sammler und entdeckt bei jedem Spaziergang durch die Natur neue Schätze, die es haben möchte? Nehmen Sie diese Fundstücke mit! Die Natur schenkt uns Bastelmaterial in Hülle und Fülle. Unterschiedlichste Formen, Farben und Beschaffenheiten fordern zum Basteln heraus. Ob spontanes Zusammenstecken und -kleben oder durchdachte längere Projekte – die Möglichkeiten zum Kreativsein mit Naturmaterial sind nahezu unbegrenzt. Nutzen Sie die Anregungen für fröhliche Bastelstunden mit Ihrem Kind.

# Geheimnisvolle Steine

## SIE BRAUCHEN:

• flache, ca. handtellergroße Steine • Buntstift in Weiß • ggf. Acryllack

Sammeln Sie gemeinsam schöne flache Steine, von kinderhandtellergroß bis erwachsenenhandtellergroß. Ihr Kind wäscht die Steine mit einer Bürste kräftig sauber. Sind die Steine getrocknet, kann Ihr Kind sie mit weißem Buntstift bemalen. Sie können auch feuchte Steine bemalen – dann gibt der Buntstift mehr Farbe ab und das Weiß leuchtet intensiver. Malen Sie hübsche Symbole auf: einen Stern, einen Mond, eine Sonne, ein Osterei, ein Kleeblatt etc. Zeichnen Sie die Umrisse vor, wenn eine Figur, wie z. B. Katze oder Eule, noch zu schwer für Ihr Kind ist. Sie können die fertigen Steine als Briefbeschwerer nutzen oder als Platzkarten für die nächste Familienfeier verwenden, dann müssen Sie nur die Namen der Gäste ergänzen.

### Tipp:

**Wenn Sie die Steine auf Dauer behalten möchten, lackieren Sie sie am besten mit klarem Acryllack.**

**Geeignet:** ab 3 Jahren
**Zeitaufwand:** 30 Minuten
**Jahreszeit:** ganzjährig

### KREATIVE FÖRDERUNG

→ Ihr Kind übt seine Feinmotorik.

→ Ihr Kind ist kreativ.

# Freche Frucht-Gesellen

**SIE BRAUCHEN:**

• 2–3 Äpfel • evtl. 2–3 Birnen • kleines Küchenmesser • selbstklebende Wackelaugen

Diese Fruchtgesellen sind eine lustige Idee für die nächste Geburtstagsdekoration! Zunächst wäscht Ihr Kind die Früchte und reibt sie trocken. Dann bekommt jede Frucht zwei lustige Wackelaugen. Für den Mund schneiden Sie quer ein Stück aus der Frucht heraus. Fertig ist Apfel-Männchen (oder Birnen-Frauchen?)! Natürlich können die Früchte später auch verputzt werden (Wackelaugen entfernen nicht vergessen!).

Auch eine schöne Idee: Ihr Kind drückt langsam ein Ausstechförmchen einige Millimeter in einen roten Apfel und danach in einen grünen. Sie schneiden nun vorsichtig die Form (z. B. Stern oder Herz) heraus. Ihr Kind darf nun die Puzzleteile einsetzen: den roten Stern in den grünen Apfel und umgekehrt. Und dann – guten Appetit!

## Tipp:

**Dies ist auch eine gelungene Überraschung für die Brotdose: Es schmeckt doppelt so gut, wenn Ihrem Kind ein Gesicht aus der Dose entgegenlacht oder ein Herz den Apfel verschönert!**

## KREATIVE FÖRDERUNG

→ Ihr Kind trainiert seine Fingerfertigkeit.

→ Ihr Kind hilft bei der Essenszubereitung.

**Geeignet:** ab 3 Jahren
**Zeitaufwand:** 10 Minuten
**Jahreszeit:** ganzjährig

# Eis-Zapfen

## SIE BRAUCHEN:

• Kiefern- oder Fichtenzapfen • 2 Plastikbecher (in die die Zapfen hineinpassen) • dünnen Draht zum Aufhängen • Eicheln, Perlen, Ausstechförmchen, Figuren zum Verzieren

Es ist klirrend kalt draußen, aber Eiszapfen sind nicht zu sehen? Dann basteln Sie zusammen mit Ihrem Kind einfach welche. Binden Sie an den Zapfenstiel ein Stück Draht, das lang genug zum späteren Aufhängen ist. Ihr Kind kann nun die Zapfen in die Becher stecken und die Becher mit Wasser füllen – bis ca. einen Fingerbreit unter den Rand. Stellen Sie die Becher nun nach draußen (oder in die Gefriertruhe). Am nächsten Morgen sind die Eiszapfen schon fertig gefroren. Wenn Ihr Kind den Becher kurz mit den Händen erwärmt, kann es den Zapfen herausziehen. Nun darf es noch Perlen, Förmchen (den Draht einfach oben und unten je einmal um den Rand wickeln) oder andere Verzierungen auf den Draht ziehen. Hängen Sie den Zapfen gemeinsam nach draußen. Eine wunderschöne Winterdekoration!

**Geeignet:** ab 3 Jahren

**Zeitaufwand:** 30 Minuten (+ eine Nacht)

**Jahreszeit:** ganzjährig

### KINDERWISSEN

Zapfen schließen sich bei Kälte und Regen (schon Tage im Voraus), um Ihre Samen zu schützen. Erst bei warmem Wetter öffnen sie sich wieder, damit die Samen auf warmen, keimfähigen Boden fallen können.

### KREATIVE FÖRDERUNG

→ Ihr Kind lernt mehr über Wasser und Eis.

→ Ihr Kind übt seine Feinmotorik.

# 29 Hagebutten-Herz

## SIE BRAUCHEN:

• 20–30 Hagebutten • Draht (ca. 30–50 cm lang) • Schleifenband zum Aufhängen

Sammeln Sie gemeinsam mit Ihrem Kind Hagebutten. Oft finden sich Wildrosenhecken an Wegesrändern – dort finden Sie gegen Ende des Sommers auch Hagebutten. Biegen Sie zu Hause den Draht an einem Ende ein wenig um, damit die Hagebuttenfrüchte nicht herunterrutschen können. Nun kann Ihr Kind mit Ihrer Hilfe den Draht durch die Hagebutten stechen und sie wie Perlen auffädeln. Dann verdrehen Sie die Drahtenden miteinander und biegen gemeinsam mit Ihrem Kind den Früchtedraht zu einer Herzform (oder Sternform, Mondform etc.). In der Mitte befestigen Sie eine Schleife. Nun können Sie zusammen einen schönen Platz suchen und das Herz aufhängen.

### KREATIVE FÖRDERUNG

→ Ihr Kind kann auf Schatzsuche gehen.

→ Ihr Kind hantiert sorgsam mit empfindlichen Dingen.

**Geeignet:** ab 4 Jahren

**Zeitaufwand:** Spaziergang + 20 Minuten

**Jahreszeit:** Sommer, Herbst

# Einfamilienhaus

## SIE BRAUCHEN:

• 6 gleich lange, gleich starke Stöckchen (z. B. je 15 cm lang) • Holzleim • kleine Säge oder Laubsäge • Papier und Stifte oder Foto • Schere • Pappe zur Verstärkung • evtl. Schleifenband • Klebstoff • verschiedene Stifte

Für diesen Familienbild-Rahmen benötigen Sie vier gleich lange Stöckchen und zwei, die etwas kürzer sind (kürzen Sie zwei der Stöckchen um 2–3 cm). Schrägen Sie die Ecken mit einer kleinen Säge ab. Dann kann Ihr Kind die Enden der längeren Stöckchen mit Leim bestreichen und sie in einem Quadrat aneinanderkleben. Danach werden die beiden kleinen Stöckchen zur Dachspitze aneinander- und dann auf das Quadrat geklebt. Fertig ist der Haus-Rahmen! Suchen Sie zusammen ein schönes Familienfoto aus – oder Ihr Kind malt ein Familienbild. Schneiden Sie gemeinsam die Familie aus. Kleben Sie den Ausschnitt zur Verstärkung auf ein Stück Pappe und schneiden Sie ihn aus. Nun leimen Sie das Bild von hinten an den Rahmen. Nun noch Schleifenband anbringen und das Familienporträt kann aufgehängt werden. Lassen Sie Ihr Kind einen schönen Platz dafür aussuchen.

## Tipp:

**Sie können für die Seitenwände auch sehr lange Stöcke nehmen und ein Hochhaus bauen! Die Fotos können Sie dann an einem Faden befestigen, den Sie oben und unten mit einer Heftzwecke (von hinten) am Rahmen befestigen.**

**Geeignet:** ab 4 Jahren
**Zeitaufwand:** 30 Minuten
**Jahreszeit:** ganzjährig

## KREATIVE FÖRDERUNG

→ Ihr Kind lernt Holz leimen.

→ Ihr Kind fertigt ein Familien-Kunstwerk.

# Holziger Anhänger

## SIE BRAUCHEN:

• Kastanien und Eicheln • Holzscheiben • Holzperlen in Rot, ø 50 mm und 1 cm • Lederband (ca. 30 cm lang) • Kastanienbohrer • Schlüsselring oder Karabinerhaken

Sammeln Sie zunächst einige Kastanien, Eicheln und andere Herbstfrüchte. Die Holzscheiben können Sie entweder mit Ihrem Kind zusammen von einem dicken Ast absägen oder im Bastelbedarf kaufen. Bohren Sie nun mit dem Kastanienbohrer Löcher durch die Früchte und die Holzscheiben. Ihr Kind kann nun eine der roten Perlen auf das Lederband auffädeln und diese bis zur Bandmitte schieben. Dann nimmt es die beiden Enden des Lederbands und steckt sie zusammen durch die anderen Früchte, Perlen und Holzscheiben. Lassen Sie Ihr Kind die Materialien ab- und aufziehen, bis ihm die Reihenfolge gefällt. Am Ende binden Sie die Lederenden an einen Schlüsselring oder einen Karabinerhaken. Und dann darf natürlich ein Schlüssel nicht fehlen – oder passt der Anhänger an die Kindergartentasche?

### Tipp:

**Sie können auch die Holzscheiben weglassen und dafür mehr Perlen auffädeln, um ein kleines Armband zu fertigen. Nehmen Sie dafür kleinere Kastanienfrüchte.**

### KREATIVE FÖRDERUNG

→ Ihr Kind übt sich in Kreativität.

→ Ihr Kind übt seine Augen-Hand-Koordination.

**Geeignet:** ab 4 Jahren

**Zeitaufwand:** Spaziergang + 20 Minuten

**Jahreszeit:** Herbst

# Schnitz-Mikado

## SIE BRAUCHEN:

• viele gerade Stöcke oder Zweige • Astschere oder kleine Säge • bunten Naturbast • Juteschnur • Schere • Gräser, Blüten • Klebstoff • verschiedene Stifte

Bauen Sie mit Ihrem Kind ein Natur-Mikado-Spiel. Zunächst brauchen Sie dafür viele Stöcke und Zweige. Sie sollten ungefähr gleich dick sein. Kürzen Sie alle Stöcke gemeinsam auf die gleiche Länge. Nun wickeln Sie bunten Naturbast und Juteband um die Stöcke – jeweils an beide Enden. Die verschieden dekorierten Stöcke haben später einen unterschiedlichen Wert – den wertvollsten Stock gibt es nur einmal – z. B. einen Stock mit einem Extraband in der Mitte. Die anderen Stäbe gibt es zwei-, drei- oder viermal. Danach vereinbaren Sie, welche Verzierung wie viele Punkte bekommt. Und nun können Sie schon losspielen!

### Tipp:

**Sie können auch Gräser, Blüten oder Blätter mit in den Naturbast wickeln. Wählen Sie Pflanzen, die auch nach dem Trocknen noch gut zu erkennen sind, dann halten die Mikado-Stäbe länger!**

**Geeignet:** ab 4 Jahren

**Zeitaufwand:** 30 Minuten

**Jahreszeit:** ganzjährig

### KREATIVE FÖRDERUNG

→ Ihr Kind lernt, Äste durchzusägen oder durchzuschneiden.

→ Ihr Kind übt Konzentration.

# 33 Heimkomm-Eule

## SIE BRAUCHEN:

• Blumentontopf • Strohband, ca. 1m lang • große Kastanie • 2 Astscheiben • Stück Rinde • 2 kleine Stöckchen, ca. 3–5 cm lang • Kastanienbohrer • Schere • Filzstift in Schwarz • Alleskleber

Ein schönes Ritual, um die Essenszeit einzuläuten: Läuten Sie die Heimkomm-Eule! Sie können die Eule gut zusammen basteln: Binden Sie an ein Ende des Strohbandes einen kleinen Stock. Ihr Kind bohrt nun ein Loch in die Kastanie und fädelt das Strohband hindurch. Machen Sie ober- und unterhalb der Kastanie Knoten, sodass sie nicht verrutscht (ca. 20 cm über dem Stöckchen). Ihr Kind zieht das freie Bandende durch den Tontopf. Befestigen Sie einen kleinen Stock innerhalb des Tontopfes so, dass die Kastanie sich im unteren Drittel des Topfes befindet. Nun befestigen Sie ein Stückchen Rinde (das Sie etwas zurechtgeschnitten haben) als Ohren oberhalb des Topfloches. Jetzt malen Sie gemeinsam zwei Augen auf die Astscheiben und kleben sie am Topf fest, ebenso ein zurechtgeschnittenes Stück Rinde als Schnabel. Gut durchtrocknen lassen und aufhängen: Ding-ding-dong – Essen!

### Tipp:

**Sie können auch ein Steinchen als Glockenklöppel anknoten, dann klingt die Glocke lauter.**

### ? KINDERWISSEN

Fast alle Eulen schlafen am Tag und jagen in der Nacht ihre Beute. Sie können im Dunkeln sehen und sehr gut hören. Mit ihren großen Flügeln können sie fast lautlos fliegen.

### KREATIVE FÖRDERUNG

→ Ihr Kind gestaltet Rituale mit.

→ Ihr Kind übt seine Feinmotorik.

**Geeignet:** ab 4 Jahren
**Zeitaufwand:** 20 Minuten
**Jahreszeit:** ganzjährig

# Zapfen-Hase

## SIE BRAUCHEN:

• Tannenzapfen • 2 Wackelaugen, ø 2 cm • Pompon, ø ca. 3 cm • Tonpapierrest in Weiß • Bastelkleber • 2 steife grüne lange Blätter (z. B. Rhododendronblätter) • Klebstoff • verschiedene Stifte

Lassen Sie den Zapfen so lange im Warmen liegen, bis er sich öffnet. Nun können Sie loslegen: Ihr Kind gibt Bastelkleber auf die Wackelaugen und die Puschelnase und Sie kleben sie an den Zapfen. Natürlich braucht der Hase auch kräftige Zähne – schneiden Sie frei Hand zwei kleine Vierecke aus der weißen Pappe. Ihr Kind gibt wiederum Kleber darauf und Sie kleben sie unter die Hasennase. Nun darf Ihr Kind auch die unteren Spitzen der Blätter mit Kleber bestreichen und sie dann von oben in den Zapfen stecken. Schon ist der kleine Hase fertig! Er macht sich auf dem Ostertisch in einem kleinen Moosnest genauso gut wie im Sommerblumentopf oder im Herbst-Tischgesteck.

**Geeignet:** ab 3 Jahren
**Zeitaufwand:** 15 Minuten
**Jahreszeit:** ganzjährig

**Tipp:**
**Sie können auch andere Figuren aus Tannenzapfen basteln: Mit einem Hut wird ein Zwerg daraus, hängend mit seitlichen Federn ein Vogel, mit großen Augen und Schnabel eine Eule, liegend mit Nase an der Spitze ein Igel. Was fällt Ihnen noch ein?**

### KREATIVE FÖRDERUNG

→ Ihr Kind übt den dosierten Umgang mit Klebstoff.

→ Ihr Kind konzentriert sich.

# Schnee-Maus

**SIE BRAUCHEN:**
• Schnee • 2 Orangenscheiben • 3 Zapfen
• 2 Erlenfrüchte • gebogenen Zweig

Warum immer einen Schneemann bauen? Es geht auch kreativer und einfacher! Vor allem für kleine Kinder ist das Rollen der Riesenkugeln noch schwierig. Rollen Sie daher zusammen eine kleine Kugel. Sie darf auch ein bisschen schief sein – denn Sie müssen ja noch eine spitze Seite formen: Das wird die Mausnase. Ritzen Sie oben seitlich zwei Kerben in den Schnee – Ihr Kind kann dann die Orangen-Ohren einsetzen. Drücken Sie sie fest. Dann stecken Sie gemeinsam zwei Erlenfrüchte als Augen und einen Zapfen als Nase an die Maus. Nun noch das Schwänzchen einsetzen und die Maus ist fertig. Suchen Sie einen schönen Platz für Ihren neuen Hausgast, der natürlich nur draußen bleiben darf – genau wie echte Mäuse!

## Tipp:

**Probieren Sie auch mal diese Tiere aus: Schneeschildkröte, Schneeeule, Schneefisch oder Schneewal, Schneeschlange usw.**

**Geeignet:** ab 3 Jahren
**Zeitaufwand:** 20 Minuten
**Jahreszeit:** Winter

## KREATIVE FÖRDERUNG

→ Ihr Kind übt sich im Bauen und Konstruieren.
→ Ihr Kind gestaltet kreativ.

# 36 Nadel-Igel

## SIE BRAUCHEN:

• große Kartoffel • kleinen Tannenzweig • Filzstift in Schwarz • Pinnnadel

Igel sind, mit ihren spitzen Stacheln, faszinierende Tiere. Nehmen Sie eine besonders dicke Kartoffel, malen Sie die Augen und Nase auf und im hinteren Bereich Punkte, nicht zu nah beieinander. Dann zupfen Sie gemeinsam die Nadeln eines kleinen Tannenzweigs ab. Ihr Kind kann nun mit einer Pinnnadel Löcher in die Punkte auf der Kartoffel stechen. Danach steckt es die Tannennadeln in die Kartoffel. Lassen Sie es zunächst experimentieren – und zeigen Sie ihm dann ggf., wie es zuerst die vorderen Nadeln einsetzt und dann die hinteren, sodass es nicht gepikt wird. Bald ist der kleine Stachel-Igel fertig.

### Tipp:

**Basteln Sie zwei große Eltern-Igel und dazu mehrere kleine Kinder-Igel aus kleineren Kartoffeln und mit weniger Stacheln. Eine Igelfamilie! Singen Sie gemeinsam: „Erst kommt der Stacheligel-Papa, dann kommt die Stacheligel-Mama …" usw.**

**Geeignet:** ab 4 Jahren
**Zeitaufwand:** 20 Minuten
**Jahreszeit:** ganzjährig

### KREATIVE FÖRDERUNG

→ Ihr Kind trainiert seine Fingerfertigkeit.
→ Ihr Kind übt sich in Geduld.

# 37 Mini-Tipi

## SIE BRAUCHEN:

• 6 sehr lange stabile Stöcke • Paket- oder Juteband • evtl. Bohnensamen • evtl. leichte Sommerdecken oder ein großes Stück Stoff

Tipis und Zelte sind wunderbar zum Verstecken und Zurückziehen. Jedes Kind sollte ein Zelt haben, es ist ganz leicht zu bauen! Suchen Sie gemeinsam mit Ihrem Kind einen geeigneten Platz für das Tipi. Markieren Sie sechs Punkte in ungefähr gleichem Abstand im Kreis. Je nach Bodenart stecken Sie die Stöcke nun in die Punkte oder graben zuerst ein Stück weit in die Erde und stecken sie dann hinein. An der Spitze müssen sich die Stöcke überschneiden – hier binden Sie sie mit dem Band fest zusammen. Nun können Sie entweder an die Seite der Stöcke Bohnen setzen, die Sie fleißig gießen – wenn Sie hochranken, ergeben Sie eine natürliche Zeltplane. Oder Sie möchten kurzfristige Ergebnisse und legen leichte Sommerdecken oder ein großes Stück Stoff über die Stangen – und haben sofort ein Tipi.

### Tipp:

**Erkundigen Sie sich nach besonders schnell wachsenden Bohnensorten! Sie können auch ein Tipi aus richtigen Weidenruten bauen – für gutes Gelingen sollten Sie sich dafür aber ausführliche Anleitung besorgen.**

### KREATIVE FÖRDERUNG

→ Ihr Kind baut sein erstes eigenes Haus.

→ Ihr Kind übt sich grobmotorisch.

**Geeignet:** ab 4 Jahren
**Zeitaufwand:** 30 Minuten
**Jahreszeit:** Frühling, Sommer

# Ein Herz für Kürbisse

## SIE BRAUCHEN:

• Hokkaido-Kürbis • 1–2 Ausstechförmchen (Herz, Mond o. Ä.)
• Teelöffel

Einen ganzen Kürbis auszuhöhlen, ist für kleinere Kinder noch sehr anstrengend und langwierig – genauso ist es nicht altersgemäß, dass sie mit dem spitzen Messer Gesichter einschneiden. Hier kommt eine Variante, bei der auch kleine Hände mithelfen können: Drücken Sie gemeinsam ein Ausstechförmchen einen halben bis einen Zentimeter tief in die Schale des Kürbisses. Nun kann Ihr Kind mit einem Löffel die Schale innerhalb der Form wegkratzen – bis keine dunkle Schale mehr zu sehen ist. Machen Sie gemeinsam ein Kürbisgesicht – mit zwei kleinen Sternen oder Kreisen und einem quer liegenden Halbmond.

### Tipp:

**Wenn Sie andere Kürbisse zur Verfügung haben, können Sie diese auch gut bemalen! Neben Gesichtern (Sie malen die Umrisse, Ihr Kind malt aus) können Sie auch Muster oder Figuren malen (Blätter, Gespenster, Sterne).**

**Geeignet:** ab 4 Jahren
**Zeitaufwand:** 15 Minuten
**Jahreszeit:** Herbst

### KREATIVE FÖRDERUNG

→ Ihr Kind arbeitet in der Küche mit.
→ Ihr Kind konzentriert sich.

# Grünstreifen

## SIE BRAUCHEN:

• dünnen Draht, ca. 50 cm lang • Zapfen oder Stöckchen • Blätter und Blüten

Eine einfache Dekoration für das nächste Sommerfest: Sammeln Sie mit Ihrem Kind hübsche Blüten und Blätter (nicht zu klein). Zu Hause binden Sie dann an eine Seite des Drahtes den Tannenzapfen oder das Stöckchen. Streichen Sie den Draht glatt – nun kann Ihr Kind die gesammelten Blätter abwechselnd mit den Blüten auffädeln. Am besten geht es, wenn Ihr Kind den Draht unten ins Blatt hinein- und dann oben wieder heraussticht. Bei den Blüten sticht es am besten quer durch den Ansatz unterhalb der Blüte. Es muss sehr sanft arbeiten und darf die Blätter nicht zu eng zusammenschieben. Schließlich können Sie die „Grünstreifen" aufhängen.

## KINDERWISSEN

Nach ein paar Tagen (je nach Pflanzenart) werden die Blätter und Blüten welk und verschrumpeln. Warum? Sie werden nicht mehr von der Pflanze mit Wasser versorgt. Das Wasser verdunstet und der Wasserdruck in den Zellen schwindet. So werden die Blätter zuerst welk und dann trocken.

## KREATIVE FÖRDERUNG

→ Ihr Kind trainiert seine Hand-Augen-Motorik.

→ Ihr Kind lernt sorgfältiges, vorsichtiges Arbeiten.

**Geeignet:** ab 4 Jahren

**Zeitaufwand:** 20 Minuten

**Jahreszeit:** Frühling, Sommer

# 40 Feder-Maske

**SIE BRAUCHEN:**

• Tonpapier in verschiedenen Farben • Schere • Stift zum Vorzeichnen • Federn • Klebefilm • runde Gummilitze (Hosengummi, ca. 30 cm lang)

Oft entdeckt man am Straßenrand oder im Park Taubenfedern. Sie können Sie beim Spazierengehen immer mal wieder einsammeln. Wenn Sie genug zusammen haben, können Sie mit Ihrem Kind eine tolle Maske daraus bauen: Zeichnen Sie auf dem Tonpapier eine Augenmaske vor. Ihr Kind darf sie ausschneiden – bei den Augenlöchern müssen Sie vielleicht etwas helfen. Nun kann Ihr Kind die Federn an einer Seite der Maske mit Klebefilm ankleben. Der untere Maskenteil sollte frei sein, sonst stören die Federn später an Nase und Mund. Ist die Maske fertig, stechen Sie je ein Loch an die Seiten und binden das Gummiband fest. Jetzt kann Ihr Kind die Maske aufsetzen – ob mit den Federkielen nach vorn oder hinten, darf es selbst entscheiden. Hui, wie beim italienischen Karneval!

**Geeignet:** ab 4 Jahren
**Zeitaufwand:** 30 Minuten
**Jahreszeit:** ganzjährig

**Tipp:**
**Sie können auch andere Naturmaterialien wählen: Kleben Sie Gräser auf oder Grashalme, vielleicht Getreidehalme oder kleine Zweige – solche Masken sehen sehr schön wild aus!**

**KREATIVE FÖRDERUNG**

→ Ihr Kind übt seine Feinmotorik.

→ Ihr Kind schlüpft in eine Rolle.

# Kastanienmonster

**SIE BRAUCHEN:**

• Kastanien oder Eicheln • Zahnstocher • Kastanienbohrer • Kleber • Stift • Wackelaugen • Knete

Sicher haben Sie schon mit Ihren Kindern Kastanienmännchen oder Eichel-Hirsche gebaut. Versuchen Sie heute mal ein paar andere Figuren: Kinder mögen gerne Monster – bauen Sie lustige Monstertiere mit Ihnen! Stechen Sie Löcher vor – evtl. kann Ihr Kind das auch schon allein. Dann stecken Sie Zahnstocher hinein. Zum Monster werden die Gestalten vor allem durch ein lustiges oder gruseliges Gesicht und durch Knetknubbel an verschiedensten Stellen. Kneten Sie große Ohren oder eine Knubbelnase. Kleben Sie Wackelaugen an. Stecken Sie Zahnstocherhälften als Arme an, die Sie dann mit ultralangen Gummiknetarmen verlängern. Riesige Knetfüße sind auch prima. Ihrem Kind fallen sicher viele „hübsche" Dinge ein!

## ? KINDERWISSEN

Die Kastanienfrüchte unserer Bäume in Deutschland sind meistens von Rosskastanien und daher nicht essbar. In anderen Teilen Europas (z. B. Frankreich) finden sich mehr Edelkastanien. Ihre Früchte werden auch Maronen genannt und sind essbar – und sehr lecker.

## KREATIVE FÖRDERUNG

→ Ihr Kind trainiert Fingerfertigkeit.

→ Ihr Kind wird monstermäßig kreativ.

**Geeignet:** ab 4 Jahren

**Zeitaufwand:** 20 Minuten

**Jahreszeit:** Herbst

# 42 Blätter-Rad

## SIE BRAUCHEN:

• Blätter • Bürohefter • Schleifenband zum Aufhängen • breiten Klebefilm

Zunächst müssen Sie die Blätter trocknen. Ihr Kind kann sie in einen dicken alten Katalog oder ein Telefonbuch legen. Nach einigen Tagen kann es sie wieder heraussuchen. Schneiden Sie nun einen Kreis von ca. 5 cm Durchmesser aus dem Klebefilm. Ihr Kind ordnet nun die einzelnen Blätter im Kreis darauf an. Es können ganz verschiedene Blattarten sein oder die gleichen. Hübsch sehen große Blätter und darauf kleinere aus – oder verschiedene Farben. Ist Ihr Kind mit seinem Werk zufrieden? Dann geben Sie ihm noch einen Klebefilm-Kreis, den es obendrauf klebt. Heften Sie nun das Schleifenband in die Mitte – und somit auch noch einmal die Blätter – fest. Jetzt können Sie den hübschen Blätterkreis aufhängen!

### Tipp:

**Sie können statt des Bandes auch einen Holzstab an das Rad heften – dann bekommen Sie kleine Stecker für Blumentöpfe.**

**Geeignet:** ab 4 Jahren
**Zeitaufwand:** 30 Minuten
**Jahreszeit:** Herbst

### KREATIVE FÖRDERUNG

→ Ihr Kind entdeckt Muster und Folgen.
→ Ihr Kind lernt, wie Blätter trocknen.

# 43 Schnee-Gespenster

## SIE BRAUCHEN:

• Schnee • Teelichter

Gehen Sie gemeinsam in den Schnee und beginnen Sie mit einer Schneeballschlacht. Wenn Ihr Kind sich so richtig ausgetobt hat, hat es vielleicht Lust, etwas zu bauen. Wie wäre es mit einem Schneegespenst? Dazu formen Sie zunächst gemeinsam eine große und eine kleine Kugel. Setzen Sie die kleine Kugel auf die größere. Nun geben Sie am Boden und zwischen den Kugeln so viel Schnee hinzu, bis eine Gespensterfigur entstanden ist. Klopfen Sie alles gut fest. Kratzen Sie dann in die obere Kugel zwei Löcher (ggf. mit einem Löffel). Sie sollten 8–10 cm breit und 15 cm hoch sein, damit der Schnee nicht gleich wegschmilzt. Hier hinein stellen Sie nun zwei Teelichter. Wie schön schaurig das im Dunkeln aussieht!

## Tipp:

**Formen Sie vier Mini-Gespenster für eine Außenfensterbank. Stellen Sie ihnen kleine batteriebetriebene Teelichter auf die Köpfe. Als Augen stecken Sie kleine Steinchen hinein. Jeden Sonntag wird nun ein kleines Advents-Gespenst mehr leuchten – sofern der Schnee nicht schmilzt ...**

## KREATIVE FÖRDERUNG

→ Ihr Kind tobt sich aus.

→ Ihr Kind übt sich grobmotorisch.

**Geeignet:** ab 3 Jahren

**Zeitaufwand:** 30 Minuten

**Jahreszeit:** Winter

# Edler Hirschkopf

### SIE BRAUCHEN:

• großes Stück Rinde • 2 Astscheiben • Draht • Kastanienbohrer • 2 kleine verzweigte Äste

Dieser Hirsch macht sich gut als Aufpasser neben der Tür! Für diese Bastelarbeit brauchen Sie etwas Fingerspitzengefühl: Bohren Sie mit Ihrem Kind zusammen Löcher für die Augen und die Geweihspitzen durch die Rinde. Da Rinde schnell brechen kann, müssen Sie achtsam vorgehen. Bohren Sie auch Löcher in die Astscheiben. Nun ziehen Sie den Draht durch die Scheiben und danach durch die jeweiligen Löcher. Knicken Sie sie auf der Rückseite der Rinde zur Seite. Für das Geweih wickeln Sie den Draht zweimal um die Äste, ziehen beide Drahtenden wiederum durch das Loch und knicken Sie um. Fertig ist der Hirsch!

**Geeignet:** ab 4 Jahren
**Zeitaufwand:** 30 Minuten
**Jahreszeit:** ganzjährig

### ? KINDERWISSEN

Wussten Sie, dass nur die männlichen Hirsche Geweihe entwickeln? Tatsächlich fallen diese Geweihe im Winter ab, um im Frühjahr neu zu wachsen. Jedes Jahr! Bei Rehböcken ist es genauso.

### KREATIVE FÖRDERUNG

→ Ihr Kind lernt den Umgang mit kleinen Werkzeugen.

→ Ihr Kind arbeitet kreativ.

# 45 Blätterrassel

## SIE BRAUCHEN:

• große Herbstblätter, nicht gepresst • Ast oder Stock, 30–40 cm lang • Draht • Schleifenband

Aus schönen großen Herbstblättern lässt sich eine raschelnde Astrassel bauen! Die Blätter sollten noch Stiele haben. Ihr Kind legt die Blätter an das obere Astende und Sie wickeln den Draht gemeinsam um den Ast – oder Ihr Kind allein, wenn das schon gelingt. Das wiederholen Sie mehrmals, bis sie einen dichten Blätterstrauß oben am Ast haben. Stecken Sie das Drahtende sicher unter und binden Sie das Schleifenband unter die Blätter. Nun kann Ihr Kind den Stab nehmen und kräftig rascheln!

### Tipp:

**Binden Sie viele große trockene Blätter an dünne Fäden und hängen Sie sie dicht nebeneinander an einen Kleiderbügel. Hängt dieses Mobile vor dem Fenster, hören Sie stets das Rauschen des Waldes ...**

### KREATIVE FÖRDERUNG

→ Ihr Kind lernt einen Strauß binden.

→ Ihr Kind arbeitet konzentriert.

**Geeignet:** ab 3 Jahren
**Zeitaufwand:** 20 Minuten
**Jahreszeit:** Herbst

# Kastanien-Theater

## SIE BRAUCHEN:

• Kastanien • Kastanienbohrer • lange Holzstäbchen • Filzreste • Wackelaugen • kleine Dekoelemente wie Hüte, Besen o. Ä. • Filzstift in Schwarz

Kastanien nicht nur zum Hinstellen? Stechen Sie einfach ein Loch in eine Kastanie und den Holzstab hinein. Sie können auch zwei Kastanien übereinander stellen. Das ist Ihre Figur. Fragen Sie Ihr Kind: Wer soll das sein? Vielleicht ein Zauberer? Dann kleben Sie der Figur einen schwarzen Filzrest als Mantel an und einen kleinen Filzhut. Malen Sie ein Gesicht mit Schnurrbart. Ihr Kind hat sicher tolle Ideen für Figuren. Es kann die Stäbe in die Figuren stecken und beim Kleben und Ausschneiden helfen. Vielleicht mag es sogar selbst eine eigene Figur basteln? Ganz ohne Mamas Hilfe? Legen Sie alle Teile bereit – sicher wird eine hübsche Figur daraus!

## Tipp:

**Natürlich muss den Figuren nun Leben eingehaucht werden: Wie beim Kasperletheater können Sie und Ihr Kind abwechselnd ein Theaterstück aufführen – vielleicht hinter dem Sessel oder der Tischkante? Und nehmen Sie sich in Acht vor dem bösen Krokodil, das sicher auch dabei ist!**

**Geeignet:** ab 4 Jahren
**Zeitaufwand:** 30 Minuten
**Jahreszeit:** Herbst

## KREATIVE FÖRDERUNG

→ Ihr Kind erfindet neue Figuren.
→ Ihr Kind spielt Theater.

# 47 Kürbis-Kumpel

## SIE BRAUCHEN:

• Butternut-Kürbis (oder eine andere nicht zu große Sorte) • Lackmalstift in Weiß und Schwarz • Baby- oder Puppenkleidung: Ober- und Unterteil • 2 Stöcke • 2 Tannenzapfen • 3 kleine Rindenstücke • hohen Tonblumentopf

Wer einen Kürbis-Kumpel auf der Terrasse sitzen hat, startet jeden Morgen fröhlich in den Tag. Zuerst malen Sie die Konturen des Gesichts auf den Kürbis. Wenn Ihr Kind schon gut malen kann, kann es die Konturen allein ausmalen, ansonsten malen Sie gemeinsam. Überlegen Sie nun, wo der Kumpel sitzen soll. Stellen sie hier den Tonblumentopf umgekehrt auf. Ziehen Sie ihm das Oberteil und das Unterteil an – dabei kann das Unterteil auch einfach nur vorn unter das Oberteil geschoben werden. Stecken Sie nun die Tannenzapfen als Hände in die Ärmel und die Stöcke als Beine in das Unterteil. Platzieren Sie die Rindenstücke unten als Füße und oben auf dem Kürbis als kleinen Hut. Fertig ist Ihr Kürbis-Kumpel. Überlegen Sie sich gemeinsam einen Namen für ihn!

### Tipp:

**Sie können auch andere Kürbisse nehmen und die Gesichter ganz verschieden gestalten. Schon eine weiße Stoffserviette, die unter den auf der Fensterbank liegenden Kürbiskopf gesteckt wird, wirkt wie ein Gespensterkleid!**

### KREATIVE FÖRDERUNG

→ Ihr Kind arbeitet kreativ.

→ Ihr Kind übt seine Feinmotorik.

**Geeignet:** ab 4 Jahren

**Zeitaufwand:** 20 Minuten

**Jahreszeit:** Herbst

# Stielaugen

## SIE BRAUCHEN:

• 2 Walnüsse • Küchenmesser oder Kastanienbohrer • Einweckgummi • Schere • Wackelaugen • Klebstoff

Den schwierigsten Part übernehmen Sie: Spalten Sie die Walnüsse so, dass die beiden Hälften ganz bleiben! Am besten bohren Sie mit dem Bohrer oder einem Küchenmesser in die flache Kappe der Nuss und arbeiten sich von da aus an den Seiten entlang. Ihr Kind kann nun den Rand der Nusshälften mit Klebstoff einstreichen. Schneiden Sie vom Einweckgummi ca. 6 cm ab. Legen Sie ein Gummiende zwischen die Nusshälften und drücken Sie diese dann fest zusammen – das kann Ihr Kind sicher auch schon übernehmen –, bis sie angetrocknet sind. Dann fügen Sie am anderen Gummiende die andere Nuss an. Lassen Sie alles gut trocknen. Kleben Sie noch Wackelaugen auf. Nun kann Ihr Kind das Gummi unter den Mittelfinger legen, sodass die Nüsse oben auf den Fingern (Handrücken) liegen. Der Mittelfinger ist die Nase dieses lustigen Nussmonsters!

**Geeignet:** ab 4 Jahren
**Zeitaufwand:** 20 Minuten
**Jahreszeit:** Herbst, Winter

### KINDERWISSEN

Walnüsse wachsen nicht so am Baum, wie wir sie von außen sehen. Die Schale, die wir knacken, wird am Baum noch mal von einer extra dicken Schale geschützt, die ähnlich aussieht wie bei Kastanien (nur ohne Stacheln).

### KREATIVE FÖRDERUNG

- Ihr Kind übt Fingerfertigkeit beim Basteln und beim Spielen.
- Ihr Kind entwirft ein lustiges Spielzeug.

# Blätterwald vor der Tür

## SIE BRAUCHEN:

• viele bunte Blätter • evtl. Blumenblüten • Draht (z. B. 60 cm lang) • Schleifenband zum Aufhängen

Blätter gibt es zu fast jeder Jahreszeit – grün oder bunt. Sammeln Sie einen ganzen Haufen davon. Ihr Kind darf nun die Blätter auf den Draht spießen. Achtung, schön vorsichtig und langsam, damit nichts zerreißt! Schön sieht es auch aus, wenn ab und zu ein großes Blatt aufgezogen wird und dazwischen mehrere kleine. Fädeln Sie auch mal Blumenblüten dazwischen! Wenn eine ganze Reihe Blätter aufgezogen ist, biegen Sie den Draht zu einem Kreis und verdrehen die Enden miteinander. Ziehen Sie ein hübsches Schleifenband durch die Mitte und hängen Sie den Kranz an die Tür. Herzlich willkommen!

### Tipp:

**Binden Sie die aufgezogenen Blätter nicht zu einem Kreis, sondern hängen Sie sie einfach an die Gardinenstange vors Fenster. Sie können einen Draht mit roten Blättern, einen mit gelben usw. machen!**

**Geeignet:** ab 3 Jahren
**Zeitaufwand:** 30 Minuten
**Jahreszeit:** ganzjährig

### KREATIVE FÖRDERUNG

→ Ihr Kind übt den Umgang mit feinen Materialien.

→ Ihr Kind kommt zur Ruhe.

# 50 Stöckchen-Stern

## SIE BRAUCHEN:

• 6 gleich lange Stöckchen, ca. 15–20 cm lang • 6 x Chenilledraht in Rot • Garn in Braun oder Bastelkleber

Stern 1: Legen Sie drei Stöcke gemeinsam zu einem Dreieck, die nächsten drei Stöckchen kommen etwas versetzt als Dreieck auf das erste. Binden Sie nun die Stöcke an den Schnittstellen mit Garn zusammen. Jetzt darf Ihr Kind die Schnittstellen mit dem Chenilledraht umwickeln.

Stern 2: Legen Sie drei Stöcke zu einem Dreieck zusammen, sodass sich die Enden überkreuzen; Von jedem Stock liegt ein Ende über einem Stock und eins unter einem Stock. Binden Sie die Enden mit Garn aneinander – Ihr Kind wickelt dann den Chenilledraht darum. Fertigen Sie ein weiteres Dreieck. Legen Sie nun die Dreiecke übereinander und kleben Sie sie an den Berührungspunkten (drei genügen) fest. Nun können Sie die Sterne aufhängen oder aufstellen.

### Tipp:

**Lassen Sie Ihr Kind die Dreiecke legen. Weiß es schon, wie das geht? Legen Sie vor dem Basteln auch Quadrate aus den Stöcken oder Drachen. Gehen auch Kreise oder Herzen?**

**Geeignet:** ab 3 Jahren
**Zeitaufwand:** 20–30 Minuten
**Jahreszeit:** Herbst, Winter

### KREATIVE FÖRDERUNG

→ Ihr Kind übt seine Fingerfertigkeit.
→ Ihr Kind bastelt für die Wohnung.

# Experimente

In jedem Kind steckt ein kleiner Forscher. Daher ist die Natur der ideale Schauplatz für kindliche Entdeckungstouren, denn ständig passiert etwas: Tag und Nacht verändern sich Pflanzen, Tiere, Wetterlagen. Ihr Kind nimmt diese Veränderungen wahr und speichert sie ab, manchmal unbewusst, manchmal bewusst. Dann ist seine Neugier geweckt und es fragt nach den Hintergründen. Fördern Sie diese kindliche Wissbegierde: Warum geschieht etwas? Beobachten, ergründen und erforschen Sie gemeinsam Ihre Umgebung. Mit und ohne Hilfsmittel gibt es draußen jeden Tag Neues zu entdecken und zu lernen!

# 51 Forschungsreihe Löwenzahn

**SIE BRAUCHEN:**

• Löwenzahn • kleine Schüssel • Wasser

Sammeln Sie mehrere Löwenzahnblüten und -blätter. Schauen Sie sich die Pflanzen genau an. Wie viele Blütenblätter findet Ihr Kind? Kann es die auch schon zählen? Was ist unter den gelben Blütenblättern? Wie sieht der Stiel von innen aus? Der Milchsaft, der herausläuft, klebt! Teilt Ihr Kind den Stiel unten, rollt er sich seitlich auf – noch schneller geht das in einer kleinen Schüssel mit Wasser. Haben Sie auch eine Pusteblume gefunden? Pusten Sie gemeinsam die Samen in die Luft und beobachten Sie die Flugeigenschaften. Erklären Sie Ihrem Kind, warum die Samen fliegen müssen. Schauen Sie die kleinen Flieger an – wo steckt der Samen? Zu guter Letzt können Sie die grünen Blätter der Pflanze waschen und einen leckeren Salat daraus machen.

**Geeignet:** ab 3 Jahren
**Zeitaufwand:** 15 Minuten
**Jahreszeit:** Frühling, Sommer

### ? KINDERWISSEN

Warum heißt der Löwenzahn „Löwenzahn"? Die langen zackigen Blütenblätter erinnerten die Forscher an ein Löwengebiss. Es gibt im Volksmund noch viele andere Namen dafür: Pusteblume, Butterblume, Kuhblume.

### KREATIVE FÖRDERUNG

→ Ihr Kind konzentriert sich.

→ Ihr Kind lernt Neues über Pflanzen.

# 52 Raupen-Hotel

## SIE BRAUCHEN:

• 8 kleine Vierkanthölzer, ca. 15 cm lang • 4 Vierkanthölzer, ca. 20 cm lang • Nägel • Hammer • Tacker • 2 durchsichtige stabile Folien (z. B. Klarsichthülle 15 cm x 15 cm) • Fliegengitterrest (o. ä. stabiles Netz) • Pflanzen und Raupen

Nageln Sie je vier kleine Holzstäbe im Quadrat aneinander. Heften Sie die Folien als Dach bzw. Boden an die Quadrate. Nageln Sie die vier längeren Hölzer senkrecht an ein Quadrat. Schneiden Sie nun das Netz passend zurecht und heften Sie es mit dem Tacker an die vier Seitenwände. Setzen Sie anschließend das Quadrat oben auf den Käfig und nageln Sie es nur an einer Ecke fest, sodass Sie das Dach zur Seite aufschieben können.

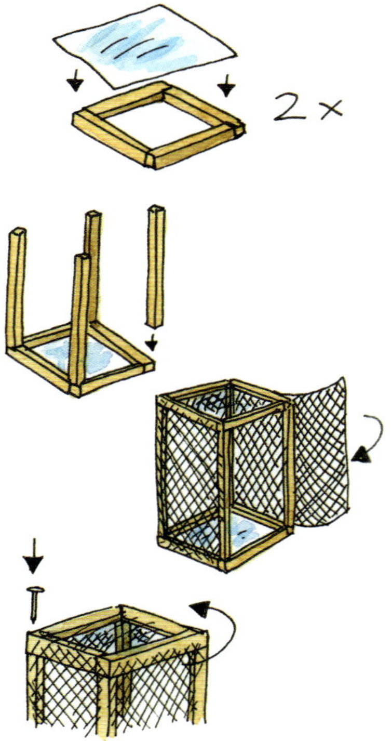


Nun machen Sie sich auf Raupensuche. Sind Sie fündig geworden, nehmen Sie den Zweig mitsamt der Raupe sowie einigen zusätzlichen kleinen Zweigen und setzen ihn in das Raupenhotel. Denken Sie daran, dass die Raupe regelmäßig frische Luft und neue Blätter braucht. Später können Sie den Schmetterling gemeinsam in die Freiheit entlassen.

## Tipp:

**Ein Raupenhotel ist eine prima Forschungsstation für die Fensterbank. Sie können den Kasten aber auch nach draußen stellen. Sprechen Sie mit Ihrem Kind über das, was Sie gemeinsam beobachten. Auch Bilderbücher zum Thema sind schön.**

## KREATIVE FÖRDERUNG

→ Ihr Kind erfährt Neues über Insekten und ihre Entwicklung.

→ Ihr Kind lernt Geduld.

**Geeignet:** ab 3 Jahren

**Zeitaufwand:** 20 Minuten + Forschungszeitraum

**Jahreszeit:** Frühling, Sommer

# Das kenne ich!

## SIE BRAUCHEN:

• Früchte mit Blättern (z. B. Apfel, Kirsche, Birne, Pflaumen, Eicheln, Kastanien, Erlen, Bucheckern, verschiedene Zapfen und Nadeln etc.) • Tapete oder Papierrolle • Klebstoff • Malkasten • Pinsel

Gehen Sie nach draußen und sammeln Sie Früchte mit den dazugehörigen Blättern. Je nach Jahreszeit finden Sie unterschiedliche Pflanzen. Versuchen Sie auch ein kleines Ratespiel: Welches Blatt gehört zu welcher Frucht? Wodurch unterscheiden sich die Blätter? Riechen Sie auch mal daran. Trocknen Sie die Blätter einige Tage in einem Telefonbuch oder Katalog. Betrachten Sie sie dann wieder mit Ihrem Kind. Kann es die Früchte noch benennen und zuordnen? Rollen Sie nun ein breites Papier aus. Kleben Sie ein oder zwei Blätter pro Pflanze auf und die zugehörige Frucht daneben bzw. machen sie einen Abdruck: Streichen Sie z. B. eine Apfelscheibe mit Farbe ein und drücken Sie die Scheibe auf die Tapete.

## Tipp:

**Machen Sie ein Bild, auf dem Blätter und Früchte eng beieinander sind. Dann fertigen Sie noch ein Rätselbild, auf dem alles durcheinander ist. Hängen Sie die Bilder an verschiedenen Orten auf. Ihr Kind kann mit dem Rätselbild immer wieder das Zuordnen üben und dann selbst prüfen, ob es alles richtig gemacht hat.**

**Geeignet:** ab 3 Jahren
**Zeitaufwand:** 15 Minuten
**Jahreszeit:** ganzjährig

### KREATIVE FÖRDERUNG

→ Ihr Kind erfährt mehr über die Jahreszeiten.

→ Ihr Kind lernt heimische Pflanzenarten erkennen.

# Volle Kraft voraus!

**SIE BRAUCHEN:**
• Naturmaterialien • kleines Papierschiffchen
• evtl. Wanne mit Wasser

Heute ist Ihr Kind Wasserforscher: Suchen Sie eine Pfütze oder einen kleinen Bachlauf – oder füllen Sie eine Wanne mit Wasser. Nun kann Ihr Kind nach Herzenslust ausprobieren, welche Gegenstände im Wasser untergehen und welche schwimmen. Steine, Holzstückchen, Sand, Äste, Blätter, Federn? Ihr Kind wird es bald herausgefunden haben. Bieten Sie ihm nun eine neue Forscheraufgabe: Legen Sie ein kleines Steinchen, das zuvor untergegangen war, auf ein schwimmendes Blatt. Jetzt schwimmt auch das Steinchen! (Frische) Kastanien gehen unter. Höhlen Sie eine Kastanie aus. Was geschieht nun?

**Geeignet:** ab 3 Jahren
**Zeitaufwand:** 20–30 Minuten
**Jahreszeit:** ganzjährig

## KINDERWISSEN

Dinge, die leichter sind als Wasser, schwimmen. Eine kleine Styropor®-Kugel schwimmt auf dem Wasser, weil sie leichter ist als ein gleich großer Wassertropfen. Eine ebenso große Murmel aber ist schwerer als Wasser und sinkt. Könnte man die Murmel aufblasen, würde sich Ihre Oberfläche vergrößern. Sie würde mehr Wasser verdrängen und daher schwimmen können.

## KREATIVE FÖRDERUNG

→ Ihr Kind lernt etwas über Wasserverdrängung.
→ Ihr Kind forscht selbsttätig.

# 55 Forschungsreihe Gänseblümchen

## SIE BRAUCHEN:

• Gänseblümchen • Schüssel mit Wasser • evtl. Wasser- oder Lebensmittelfarbe • Klebstoff • verschiedene Stifte

Suchen Sie sich eine Wiese oder einen Rasen mit Gänseblümchen. Fangen Sie mit dem Spannendsten an: Pflücken Sie ein Gänseblümchen (das nicht auf einer gedüngten oder Hunde-Wiese wächst), waschen Sie es kurz ab und essen Sie es auf. Wie schmeckt es? Traut Ihr Kind sich auch, eins zu probieren? Nun betrachten Sie gemeinsam ein Blümchen. Welche Farben hat es? Wie viele Blätter? Wie sehen sie aus? Färbt die gelbe Mitte die Finger? Riecht es? Was geschieht nachts mit den Blüten? Und bei Regen? Legen Sie eine offene Blüte auf das Wasser. Sie schwimmt. Was geschieht aber, wenn Sie die Blüte seitlich ins Wasser legen? Und was ist zu entdecken, wenn Ihr Kind das Blümchen in ein Glas mit gefärbtem Wasser stellt?

## Tipp:

**Zupfen Sie nacheinander alle Blütenblätter ab nach dem alten Volksgedicht: „Sie liebt mich, von Herzen, mit Schmerzen, über alle Maßen, kann's gar nicht lassen, gar nicht." Welcher Halbsatz erklingt beim letzten Blütenblatt?**

**Geeignet:** ab 3 Jahren

**Zeitaufwand:** 15–20 Minuten

**Jahreszeit:** Frühling, Sommer, Herbst

## KREATIVE FÖRDERUNG

→ Ihr Kind erforscht Pflanzen.

→ Ihr Kind erfährt die Natur mit allen Sinnen.

# 56 Alle Kartoffeln im Eimer

**SIE BRAUCHEN:**

• Eimer • Bohrer • Blumenerde • Schaufel • 1–2 Bio-Kartoffeln • kleine Gießkanne

Nehmen Sie einen 10-Liter-Eimer. Bohren Sie mehrere Löcher in den Boden, damit überschüssiges Wasser ablaufen kann. Ihr Kind füllt den Eimer nun bis zur Hälfte mit Blumenerde. Dann legt es die Kartoffel hinein und füllt den Eimer mit Erde auf. Drücken Sie die Erde nicht zu fest. Gießen nicht vergessen! Ihr Kind kann jeden Tag ein wenig nachgießen. Achten Sie darauf, dass die Erde nicht zu nass wird. Stellen Sie den Eimer auf die Terrasse oder den Balkon und schauen Sie ab und zu gemeinsam, wie die Pflanze wächst. (Achtung: Blätter und Blüten nicht essen, sie sind giftig). Beginnen die Blätter leicht zu welken, kann Ihr Kind die Kartoffeln ernten!

## Tipp:

**Wenn Kartoffeln schon etwas keimen, wächst das Grün schneller. Die Keime sollten beim Pflanzen nach oben zeigen. Sie können Kartoffeln gut im April ansetzen, aber es geht auch noch zwei Monate später.**

**Geeignet:** ab 3 Jahren
**Zeitaufwand:** 15–20 Minuten
**Jahreszeit:** Frühling, Sommer

## KREATIVE FÖRDERUNG

→ Ihr Kind erfährt etwas über die Herkunft seiner Nahrungsmittel.

→ Ihr Kind erfährt die Natur mit allen Sinnen.

# 57 Wildwasserbahn

## SIE BRAUCHEN:

• Wasserbahnen, z. B. Regenrinnen, halbe Schaumstoffhülsen, Winkelholzleisten oder Schläuche • Äste mit Gabel • Schnur

Sie können die Wildwasserbahn in einem großen Sandkasten bauen oder auf einer Wiese. Stecken Sie dafür zwei Äste mit Gabelungen in den Boden – so weit voneinander entfernt, dass eine Wasserbahn darauf passt. Fixieren Sie die Bahn mit einem Stück Schnur am Ast. Nun bringen Sie eine weitere Bahn im 90°-Winkel an. Wenn Sie keine Eckstücke haben, setzen Sie die zweite Bahn einfach unterhalb der ersten an, dann läuft das Wasser gut hinein. Befestigen Sie die Bahn wieder mit der Schnur an den beiden Ästen. So können Sie eine ganze Anlage bauen. Ihr Kind hilft beim Aufbau – das Wasser darf es dann ganz allein oben hineingießen. Wenn Sie eine dauerhafte Anlage möchten, bauen Sie sie stabil aus Holz.

## Tipp:

**Messen Sie: Wie viel kommt von einem Liter Wasser noch unten an? Ihr Kind kann in die Bahn mit Steinchen, Sand oder Stöcken Dämme bauen – lässt sich das Wasser aufhalten?**

**Geeignet:** ab 3 Jahren
**Zeitaufwand:** 30–45 Minuten
**Jahreszeit:** ganzjährig

## KREATIVE FÖRDERUNG

→ Ihr Kind erforscht die Eigenschaften von Wasser.

→ Ihr Kind baut etwas gemeinsam mit Ihnen.

# 58 Geheimnisvolle Spuren

## SIE BRAUCHEN:

- verschieden große Steine

Machen Sie zusammen Fußabdrücke in einen Erdboden. Wie groß sind Ihre Füße, wie groß die Ihres Kindes? Legen Sie die Spuren mit Steinchen aus. Vielleicht möchte Ihr Kind mehrere Abdrücke machen und so einen Weg legen – das sieht besonders schön aus, wenn der Weg zur Eingangstür führt (die Steine können auch auf Pflastersteinen liegen!). Sie können auch Handabdrücke nachlegen. Vielleicht entdecken Sie noch andere Spuren in der Umgebung? Igelspuren, Katzen-, Hunde- oder Vogelspuren? Suchen Sie in Büchern oder im Internet nach Beispielen für Tierspuren. Wie sehen die Spuren heimischer Tiere aus? Vielleicht haben Sie die Gelegenheit, in einen nahe gelegenen Wald oder Tierpark zu gehen und nach Spuren zu suchen?

## Tipp:

**Sehr spannend ist es, eine Tierspur mit Gips auszugießen (leicht nach Packungsanweisung anzurühren). Vielleicht probieren Sie es mal aus?**

## KREATIVE FÖRDERUNG

→ Ihr Kind arbeitet kreativ.

→ Ihr Kind nimmt seine Umgebung konzentriert wahr.

**Geeignet:** ab 3 Jahren
**Zeitaufwand:** 15–20 Minuten
**Jahreszeit:** ganzjährig

# 59 Blätter-Schwund

**SIE BRAUCHEN:**

• Eimer, Wanne oder Kiste • trockenes Laub

Sammeln Sie einen großen Haufen trockenes Laub und schütten Sie das Laub in einen Laubsack oder einen Eimer. Ihr Kind wird staunen: Ist das viel! Nun darf es sich hineinstellen und kräftig stampfen. Allmählich wird der Blätterberg kleiner. Je länger Ihr Kind stampft, desto weniger Blätter scheinen in dem Eimer zu sein. Nun steigt Ihr Kind aus dem Eimer und schaut genau nach: Was ist da passiert? Entdecken Sie gemeinsam, wie die Blätter zerkleinert wurden. Die Zwischenräume zwischen den noch ganzen Blättern sind verschwunden: Die kleinen Schnipsel liegen viel enger aufeinander. So ist der Haufen kleiner geworden.

## Tipp:

**Eine ebenso eindrucksvolle Erfahrung ist das Zerstampfen von alten Zweigen und Ästen. Sammeln Sie einen kleinen Reisigberg und lassen Sie Ihr Kind diesen zerstampfen. Das knackt schön. Vielleicht haben Sie auch die Möglichkeit, den Reisighaufen hinterher zu verfeuern?**

**Geeignet:** ab 3 Jahren
**Zeitaufwand:** 10–15 Minuten
**Jahreszeit:** Herbst

### KREATIVE FÖRDERUNG

→ Ihr Kind erforscht logische Zusammenhänge
→ Ihr Kind erfährt die Natur mit allen Sinnen.

# 69 Apfel-Prägung

## SIE BRAUCHEN:

• Zugang zu einem Apfelbaum • nicht durchsichtige Klebefolie oder Klebefilm

Ein einfaches Forschungsprojekt mit toller Wirkung! Sie brauchen dafür Zugang zu einem Apfelbaum. Vielleicht hat ein Nachbar oder ein Verwandter einen Apfelbaum? Schneiden Sie zu Hause aus Klebefolie ein kleines Herz aus. Kleben Sie dieses Herz dann gemeinsam auf einen noch nicht reifen Apfel. Nun müssen Sie warten. Machen Sie ein Foto von der Aktion und hängen Sie es an den Kühlschrank, damit Ihr Kind es in Erinnerung behält. Wenn die Äpfel reif sind, gehen Sie gemeinsam wieder zum Apfelbaum. Ihr Kind kann nun den Apfel pflücken und die Folie abziehen – darunter ist das helle Herz zu sehen!

**Geeignet:** ab 3 Jahren

**Zeitaufwand:** 10 Minuten + viele Wochen Wartezeit

**Jahreszeit:** Sommer

## KINDERWISSEN

Wenn kein Sonnenlicht an die Zellen des Apfels kommt, wird hier kein Pflanzenfarbstoff gebildet, daher bleibt der Apfel an dieser Stelle hell.

## KREATIVE FÖRDERUNG

→ Ihr Kind erforscht Pflanzen.

→ Ihr Kind erfährt die Natur mit allen Sinnen.

# 61 Blumen-Forscher

## SIE BRAUCHEN:

• Blüten und Blumen • Telefonbuch oder Katalog
• evtl. Löschblätter • Notizbuch oder Schreibheft A5 oder A4
• Klebestift • Stifte

Sammeln Sie mit Ihrem Kind viele Blüten. Gern mit Blättern und Stängeln. Legen Sie die Blüten zu Hause in ein altes Telefonbuch oder einen Katalog. Achten Sie dabei darauf, dass die Blütenblätter glatt und in schöner Form liegen. Wenn Sie Löschblätter darunter und darüber legen, trocknen die Blüten noch besser. Nun müssen Sie einige Tage warten. Dann kann Ihr Kind mit dem Klebestift auf eine Seite im Notizbuch streichen. Es nimmt mit der Pinzette die Blüte auf, legt sie auf die Klebestelle und drückt sie vorsichtig fest. Es kann auch Blätter und Stängel dazu kleben. Am Ende werden die Seiten noch verziert – und vor allem sollten Sie gemeinsam herausfinden, um welche Blumen es sich handelt. Schreiben Sie die Namen dazu. So bekommen Sie ein schönes Blumenbestimmungsbuch und Ihr Kind lernt viel über seine Umgebung!

**Geeignet:** ab 4 Jahren

**Zeitaufwand:** 15 Minuten Vorbereitung + Wartezeit + 30 Minuten

**Jahreszeit:** Frühling, Sommer

### KINDERWISSEN

Es sind vor allem Bienen, die für die Bestäubung und damit Fortpflanzung der Pflanzen zuständig sind. Sie holen Nektar und Pollen aus den Blüten und geben bei der nächsten Blüte die Pollenkörner wieder ab. Eine Biene fliegt 10–20 Mal pro Tag aus – jede einzelne Biene fliegt ca. 200 –300 Blüten pro Tag an!

### KREATIVE FÖRDERUNG

→ Ihr Kind wird zum emsigen Forscher.

→ Ihr Kind erfährt Wissenswertes über die Natur.

# 62 Gemüse-Kiste

## SIE BRAUCHEN:

• Holzkiste oder Topf • Blumenerde • Schaufel • Gießkanne • Radieschen-Samen

Ziehen Sie Gemüse selbst! Ihr Kind kann mit der Schaufel die Blumenerde in die Kiste oder den Topf füllen, bis ca. Kinderhandbreit unter den Rand. Dann streicht es die Erde glatt und drückt mit dem Finger Löcher hinein (Abstand je ca. 3 cm x 3 cm). In jedes Loch kommen nun die Radieschensamen und dann etwas Erde darüber. Schließlich gießt Ihr Kind die Samen an. Jetzt stellen Sie die Kiste zusammen an einen hellen Ort und gießen regelmäßig. Achten Sie darauf, dass die Erde nicht zu nass ist. Nach einigen Tagen können Sie die ersten grünen Pflanzenspitzen sehen.

### Tipp:

Sehr schön für ein kleines Kinderbeet sind auch Erbsen – sogenannte Zwergerbsen wachsen als Büsche und können daher in großen Tontöpfen wachsen. Später kann Ihr Kind die Erbsen selbst ernten und aufknabbern. Nähere Hinweise zum Pflanzen finden Sie auf den Samen-Packungen.

**Geeignet:** ab 3 Jahren

**Zeitaufwand:** 20 Minuten + mehrere Tage/Wochen Wartezeit

**Jahreszeit:** Frühling, Sommer

### KREATIVE FÖRDERUNG

→ Ihr Kind erfährt mehr über seine Nahrung.

→ Ihr Kind erlebt das Wunder eines Samenkorns.

# 63 Tierschau

## SIE BRAUCHEN:

• Marmeladen- bzw. Gemüseglas • (Milch-)Dosenöffner • evtl. Lupe

Bohren oder stechen Sie zunächst einige Luftlöcher in den Deckel des Glases. Gehen Sie mit Ihrem Kind in die Natur. Größere Kinder können sich auch allein auf die Suche machen. Lassen Sie Ihr Kind nach einem Tier suchen – bald wird es eine Spinne, eine Raupe, einen Marienkäfer oder Ähnliches entdecken. Nun lässt Ihr Kind das kleine Tier behutsam in das Glas krabbeln oder setzt es vorsichtig hinein. Es kann auch einige Blätter oder Zweige mit hineingeben. Schrauben Sie den Deckel auf und stellen Sie das Glas auf den Tisch. Jetzt können Sie das Tier mit Ihrem Kind in Ruhe beobachten. Schauen Sie sich das Tier auch mal mit einer Lupe genauer an.

### Tipp:

**Stellen Sie das Glas nicht in die pralle Sonne. Lassen Sie Ihr Kind auch keine größeren Tiere wie Vögel, Mäuse o. Ä. einfangen. Und lassen Sie die Tiere spätestens am Abend unbedingt wieder frei.**

**Geeignet:** ab 3 Jahren
**Zeitaufwand:** 20 Minuten
**Jahreszeit:** ganzjährig

### KREATIVE FÖRDERUNG

→ Ihr Kind erfährt Neues über Tiere.
→ Ihr Kind lernt Respekt gegenüber Lebewesen.

# 6 Was ist drin?

**SIE BRAUCHEN:**
- Herbstfrüchte (z. B. Walnüsse oder Erdnüsse)
- Hammer

Was steckt unter der Nussschale? Ihr Kind kann eine Walnuss auf einem kratzfesten Untergrund mit dem Hammer zerklopfen. Beim ersten Mal wird vielleicht nur Matsch übrig bleiben. Kann es seine Kräfte dosieren und Ihnen bald eine (fast) heile Nuss servieren? Schafft Ihr Kind es auch, härtere Nüsse (z. B. Haselnüsse) zu knacken? Probieren Sie auch Kastanien oder Eicheln aus. Oder Bucheckern: In dem stacheligen Mantel sind die kleinen braunen Kerne. Aber da ist auch noch Schale drumherum. Erst der innerste Kern ist essbar (nur wenige essen bitte, in Massen sind sie etwas giftig).

## ? KINDERWISSEN

Die Buchecker ist die Frucht der Rotbuche. Wenn der äußere stachlige Fruchtbecher entfernt ist, muss man noch die zweite, dunkelbraune Schale ablösen: Dazu die Bucheckern in eine Pfanne geben und leicht rösten. Die dunkle Schale springt auf und lässt sich nun leicht entfernen. Das Rösten verbessert außerdem das Aroma und senkt die (leichte) Giftigkeit.

## KREATIVE FÖRDERUNG

→ Ihr Kind erforscht Pflanzen.

→ Ihr Kind erfährt die Natur mit allen Sinnen.

**Geeignet:** ab 4 Jahren
**Zeitaufwand:** 10–15 Minuten
**Jahreszeit:** Herbst, Winter

# 65 Wasserrad



## SIE BRAUCHEN:

• geraden, glatten Stock, ø ca. 1–2 cm, ca. 30–50 cm lang
• 4 kurze Stöcke • 2 Stöcke mit Astgabeln • (Schnitz-)Messer • evtl. Schnur

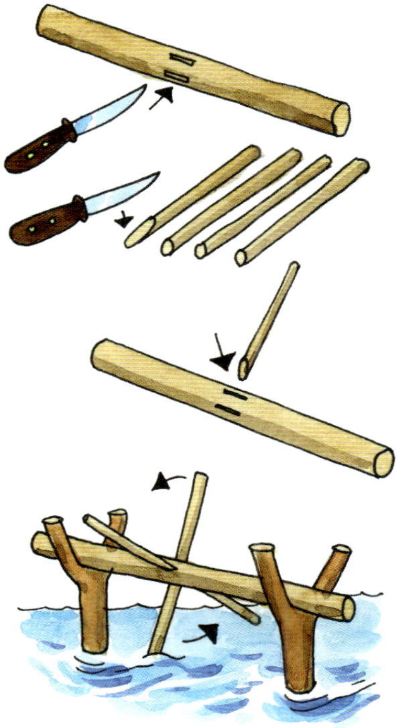

Stecken Sie mit Ihrem Kind die kurzen, stabilen Äste mit den Astgabeln als Halterung in einen Bach oder ein anderes fließendes Gewässer (eine schräg gelegte Wasserbahn im Sandkasten tut's auch). Ritzen Sie mittig vier Spalten in den geraden Stock. Schneiden Sie dann die vier kurzen Stöcke an beiden Seiten flächig ab, sodass Sie sie in die Spalten stecken können. Binden Sie alles mit der Schnur ordentlich fest, falls es nicht gut hält. Nun kann Ihr Kind den Stock auf die Astgabeln legen. Dreht sich das Wasserrad? Ihr Kind kann den Wasserwiderstand verstärken, indem es an den flach geschnitzten Stöcken eine breitere Fläche befestigt: Stecken Sie z. B. ein großes Blatt oder ein Stück Pappe darauf.

**Geeignet:** ab 4 Jahren
**Zeitaufwand:** 20–30 Minuten
**Jahreszeit:** ganzjährig

### ? KINDERWISSEN

Wasserräder werden schon seit vielen Jahrhunderten genutzt. In Deutschland wurden damit z. B. Mühlenräder betrieben: Das Wasserrad drehte einen großen Mühlstein, mit dem Getreidekörner zu Mehl zerrieben wurden.

### KREATIVE FÖRDERUNG

→ Ihr Kind erfährt Neues über Wasserkraft.

→ Ihr Kind erlebt sich als schöpferischer Handwerker.

# 66 Was duftet hier?

## SIE BRAUCHEN:

• Kräuter (z. B. Rosmarin, Thymian, Minze, Basilikum, Lavendel) • Schnur • Holzbrett • Nägel • Hammer • Wäscheklammer

Sammeln Sie mit Ihrem Kind Kräuter. Sie können im Garten auf die Suche gehen oder die Kräuter vorher züchten (siehe Seite 14). Binden Sie die Kräuter mit etwas Schnur zusammen. Nun schlagen Sie mit Ihrem Kind mehrere Nägel im Abstand von ca. 10 cm nebeneinander in das Brett. Damit kein Daumen leidet, können Sie die Nägel mit Hilfe einer Wäscheklammer festhalten. Benennen Sie die Kräuter zusammen mit Ihrem Kind und betrachten Sie Form und Farbe genau. Nun gehen Sie jeden Tag gemeinsam zum Brett und sehen nach: Was hat sich verändert? Schnuppern Sie gemeinsam! Wenn die Kräuter getrocknet sind, haben Sie einen duftenden Strauß für die Küche oder den Kleiderschrank – oder, bei Kräutern aus dem eigenen Garten, sogar Zutaten für einen schmackhaften Tee.

### Tipp:

**Erklären Sie Ihrem Kind, warum sich die Fundstücke verändern. Regen Sie es zum Nachdenken an: Weshalb hat man früher Kräuter getrocknet? Was wurde damit gemacht?**

### KREATIVE FÖRDERUNG

→ Ihr Kind entdeckt verschiedene Kräuter und ihre Eigenschaften.

→ Ihr Kind erfährt die Natur mit allen Sinnen.

**Geeignet:** ab 3 Jahren

**Zeitaufwand:** 20–30 Minuten + einige Tage Beobachtungszeit

**Jahreszeit:** Frühling, Sommer, Herbst

# 67 Apfelgesichter

**SIE BRAUCHEN:**

• Apfel • Permanent-Marker in Schwarz • Schnee

Schneit es endlich? Dann kann Ihr Kind den Apfel waschen und polieren. So glänzt er schön und die schützende Wachsschicht wird entfernt. Nun kommt das Apfelgesicht dran. Stellen Sie den Apfel draußen auf die Fensterbank – oder dorthin, wo der Schnee auf den Apfel fallen kann. Bald hat das Apfelgesicht eine hübsche Schneemütze. Holen Sie die Frucht herein und stellen Sie sie auf einen Teller. Ihr Kind kann zuschauen, was geschieht: Der Schnee schmilzt. Wo bleibt er? Wie schnell schmilzt er? Ist es viel oder wenig Wasser, was übrig bleibt? Wiegen Sie einen Apfel mit Schneehaube und später mit geschmolzenem Wasser – wiegt er beide Male gleich viel?

## Tipp:

**Sie können die Äpfel immer wieder hinausstellen. Irgendwann werden sie schrumpelig – auch das ist eine spannende Beobachtung für Ihr Kind.**

**Geeignet:** ab 3 Jahren
**Zeitaufwand:** 20 Minuten
**Jahreszeit:** Winter

## KREATIVE FÖRDERUNG

→ Ihr Kind erforscht logische Zusammenhänge.
→ Ihr Kind erfährt die Natur mit allen Sinnen.

# 68 Schnee-Graffiti

## SIE BRAUCHEN:

• Fotokarton, A3 oder A4 • Schere • Stift • Sprühflasche für Wasser • Lebensmittelfarbe • ggf. Lupe

Zunächst fertigen Sie Schablonen an. Zeichnen Sie Winter-Motive auf die Pappe: Sterne, Tannenbäume etc. Schneiden Sie die Motive so aus, dass sowohl das Motiv als auch der Rahmen intakt bleiben. Nun mischt Ihr Kind in einer Sprühflasche kaltes Wasser mit Lebensmittelfarbe (oder mehrere Flaschen mit verschiedenen Farben). Jetzt legt Ihr Kind eine Schablone auf eine glatte Schneefläche. Dann sprüht es das bunte Wasser darauf bzw. im Kreis um das Motiv herum. Was geschieht? Warum? Wie verändert sich der Schnee? „Schneiden" Sie mit einem Messer ein Stück Schnee weg – wie tief dringt die Farbe ein? Sehen Sie sich die bunten Schneekristalle genau an – vielleicht sogar mit einer Lupe. Probieren Sie auch mal: Wie schmeckt der Schnee ohne Farbe und wie mit? Gibt es einen Unterschied?

### Tipp:

**Sie haben viel Geduld? Dann schneiden Sie einzelne Buchstaben aus – damit lassen sich immer wieder neue Botschaften in den Schnee schreiben: „Winterzeit", „Frohe Weihnacht" oder „Schneegrüße".**

### KREATIVE FÖRDERUNG

→ Ihr Kind arbeitet kreativ.

→ Ihr Kind lernt mehr über die Beschaffenheit von Schnee.

**Geeignet:** ab 3 Jahren
**Zeitaufwand:** 20 Minuten
**Jahreszeit:** Winter

# 69 Regenmesser

## SIE BRAUCHEN:

• Plastikflasche • Schere • Permanent-Marker in Schwarz • Äste mit Gabel • farbiges Klebeband • Messbecher

Schneiden Sie das obere Drittel der Flasche ab. Kleben Sie das Klebeband über den scharfen Rand, damit Ihr Kind sich nicht daran schneidet. Nun zeichnen Sie gemeinsam die Milliliter-Angaben auf die Flasche. Dazu füllen Sie einen Messbecher mit 50 ml Wasser. Ihr Kind schüttet es in die Flasche und markiert den Wasserstand mit einem kleinen Strich. Das wiederholen Sie mehrmals Jetzt ist der Regenmesser einsatzbereit. Legen Sie gemeinsam eine kleine Tabelle an, in die Sie jeden Tag eintragen, wie viel es geregnet hat. Nach ein paar regenreichen Tagen oder nach ein paar Wochen können Sie auch ein einfaches Diagramm erstellen!

## Tipp:

**Sie können Ihrer Wetterstation noch weitere Elemente hinzufügen: Basteln Sie eine Windmühle, an der Ihr Kind die Windstärke beobachten kann. Stellen Sie ein Thermometer auf. Auch eine Sonnenuhr lässt sich leicht selbst machen!**

**Geeignet:** ab 4 Jahren

**Zeitaufwand:** 15 Minuten + Beobachtungszeitraum

**Jahreszeit:** ganzjährig

## KREATIVE FÖRDERUNG

→ Ihr Kind nimmt das jahreszeitlich typische Wetter bewusst wahr.

→ Ihr Kind wird ein Wetterforscher.

# 70 Feuer-Stapel

## SIE BRAUCHEN:

• feuerfesten Platz • gleich lange Äste bzw. Zweige, ca. 20–30 cm lang • Streichhölzer • Reisig oder Zeitungspapier • Wasserschlauch oder Eimer Wasser

Kinder lieben Feuer. Erfahren Sie gemeinsam die Eigenschaften von Feuer und lehren Sie Ihr Kind dabei den Umgang mit diesem Element. Unabdingbar sind eine ausreichend große feuerfeste Stätte für das Feuer sowie Löschmittel (angeschlossener Wasserschlauch oder Eimer mit Wasser) und klare Regeln für Ihr Kind. Dann kann es losgehen: Stapeln Sie mit Ihrem Kind einen kleinen Turm aus den Ästen: immer zwei Stöcke parallel nebeneinander und die nächsten im 90°-Winkel darauf. Nach den ersten sechs Stöcken geben Sie etwas Reisig oder zusammengeknülltes Zeitungspapier in die Mitte der Stöcke. Dann stapeln Sie weiter. Ist der Turm fertig, zünden Sie gemeinsam das Reisig an. Der Turm wird interessant erleuchtet, bevor alle Äste Feuer fangen. (Bleiben Sie in sicherer Entfernung!)

### Tipp:

**Haben Sie keinen Platz für einen Feuerturm, versuchen Sie es im Kleinen: Stapeln Sie Streichhölzer in einer genügend großen feuerfesten Schale oder Schüssel. Zünden Sie das unterste Streichholz an – die nach und nach zündenden Streichholzköpfe verursachen spannende kleine Explosionen!**

### KREATIVE FÖRDERUNG

→ Ihr Kind erfährt die Faszination und Gefährlichkeit von Feuer.

→ Ihr Kind lernt durch Sie den korrekten Umgang mit Feuer.

**Geeignet:** ab 4 Jahren

**Zeitaufwand:** 30 Minuten

**Jahreszeit:** ganzjährig

# Muster-Blatt

## SIE BRAUCHEN:

• gesammelte Blätter, Blüten, Gräser u. Ä. • Papier, A4 • Wachsmalstifte oder Buntstifte

Sammeln Sie mit Ihrem Kind Naturgegenstände, die Sie flach unter ein Blatt Papier legen können: Blütenblätter, Blätter, Gräser, Kräuter etc. Breiten Sie auf dem Gartentisch alle Fundstücke aus. Ihr Kind sucht sich eins aus und platziert es vor sich auf dem Tisch. Dann legt es ein Blatt Papier darauf und streicht nun vorsichtig mit einem Buntstift darüber. Langsam bilden sich die Strukturen des Fundstückes auf dem Papier ab. Wie sieht das aus? Was unterscheidet die Struktur der verschiedenen Blätter? Ihr Kind kann verschiedene Dinge ausprobieren, auch zwischendurch die Farben wechseln.

## Tipp:

**Nehmen Sie Papier und Wachsmaler mit auf den Spaziergang. Unterwegs halten Sie ein Blatt Papier auf einen Baumstamm und rubbeln die Struktur vorsichtig darauf. Daheim schauen Sie gemeinsam: Welcher Baum war das?**

**Geeignet:** ab 3 Jahren
**Zeitaufwand:** 15 Minuten
**Jahreszeit:** ganzjährig

### KREATIVE FÖRDERUNG

→ Ihr Kind erfährt viel über Strukturen von Pflanzen.

→ Ihr Kind übt seine Feinmotorik.

# Zauber-Zweige

**SIE BRAUCHEN:**

- Zweige von Sträuchern bzw. Bäumen (z. B. Apfel, Holunder, Kirsche, Haselnuss, Forsythie o. Ä.)
- Vase

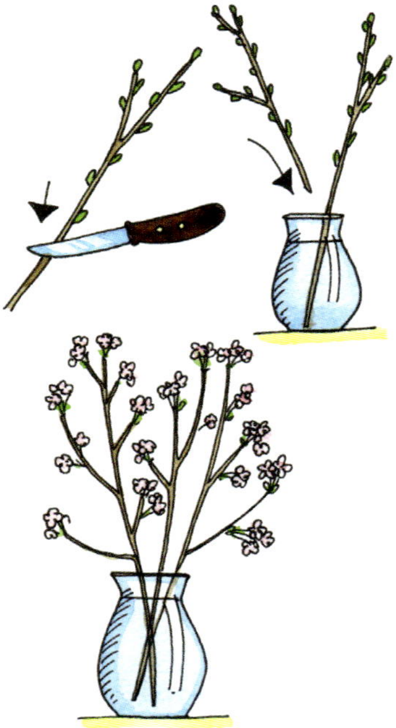

Im Winter sieht die Natur recht kahl aus. Wenig braune Blätter und keine bunten Farben. Zaubern Sie mit Ihrem Kind: Gehen Sie Anfang Dezember gemeinsam nach draußen und schneiden Sie einige Zweige von Frühblühern ab. Zeigen Sie Ihrem Kind die Knospen, die bereits an den Zweigen vorhanden sind. Zu Hause stellen Sie die Zweige in eine Vase mit Wasser und erneuern es regelmäßig gemeinsam. Nach drei bis vier Wochen öffnen sich mit etwas Glück die Blüten – Ihr Kind hat den Frühling herbeigezaubert! Erklären Sie ihm, weshalb die Zweige draußen erst im Frühling erblühen, und freuen Sie sich über die winterliche Blütenpracht.

## ? KINDERWISSEN

Ein alter Volksbrauch ist der Barbara-Zweig, der nach der heiligen Barbara benannt ist. Der Zweig wird am 4. Dezember abgeschnitten und in der Wohnung ins Wasser gestellt, damit er an Heiligabend blüht. Das verspricht Glück im neuen Jahr.

## KREATIVE FÖRDERUNG

→ Ihr Kind beobachtet die Entfaltung der Blüten.

→ Ihr Kind lernt Neues über die Jahreszeiten.

**Geeignet:** ab 3 Jahren

**Zeitaufwand:** 10 Minuten + Beobachtungszeit

**Jahreszeit:** Winter

# Wassersteine

## SIE BRAUCHEN:

• Kieselsteine • Gemüse- oder Einweckglas • Wasser

Füllen Sie gemeinsam ein großes Glas mit Wasser bis einen Fingerbreit unter den Rand. Stellen Sie es draußen an einen Ort, der nass werden darf. Nun lässt Ihr Kind vorsichtig einen Stein hineinfallen. Was geschieht? Stein um Stein darf Ihr Kind in das Glas plumpsen lassen. Das Wasser steigt, schließlich läuft es über den Rand. Warum? Was ist passiert? Sprechen Sie über die Beobachtungen. Was geschieht, wenn Ihr Kind die Steine wieder herausnimmt? Und wenn das Glas wieder komplett mit Steinen gefüllt ist, passt dann dennoch Wasser hinein? Warum? Ist es durch die Steine nicht „voll“?

## Tipp:

**Sie können statt mit Wasser auch mit Sand experimentieren: Nehmen Sie hierzu ein durchsichtiges Plastikgefäß. Legen Sie einige große Steine hinein, einige kleine darüber. Schütteln Sie. Was geschieht? Und was passiert, wenn Ihr Kind noch Sand dazugibt?**

**Geeignet:** ab 3 Jahren
**Zeitaufwand:** 10 Minuten
**Jahreszeit:** ganzjährig

## KREATIVE FÖRDERUNG

→ Ihr Kind erlernt physikalisches Grundwissen.
→ Ihr Kind beobachtet konzentriert.

# Forschungsreihe Sonnenblume

**SIE BRAUCHEN:**

• kleine Flasche • kleine Kieselsteine • Blumenerde • Sonnenblumensamen • evtl. Schleifenband • Gießkanne

Pflanzen Sie eine Sonnenblume: Ihr Kind legt einige Kieselsteine in die Flasche und schüttet Blumenerde darüber. Dann lässt es einen Sonnenblumenkern hineinfallen und bedeckt ihn mit etwas Erde. Angießen – und warten. An einem sonnigen Platz mit nicht zu viel Wasser wird sich bald eine kleine Pflanze entwickeln, die durch den Flaschenhals wächst. Pflanzen Sie sie mit Ihrem Kind in einen größeren Topf oder nach draußen und beobachten, wie sie immer größer wird. Im Herbst können Sie zuschauen, wie die Vögel die Kerne aus der getrockneten Blüte knabbern. Erforschen Sie auch die Kerne: Zerdrücken Sie sie, um das Öl zu entdecken, probieren Sie einige Kerne (ohne Schale) oder fädeln Sie eine schöne Kette auf!

## KINDERWISSEN

Sonnenblumenblüten wenden sich immer der Sonne zu: Die Stängel wachsen nachts auf einer Seite mehr, sodass die Blüte nach Osten kippt, wo die Sonne aufgeht. Tagsüber wächst die andere Stängelseite, sodass die Blüte mit der Sonne gen Westen kippt. So kann die Blüte mehr Sonnenenergie aufnehmen als andere Pflanzen.

## KREATIVE FÖRDERUNG

→ Ihr Kind erforscht alle Eigenschaften einer Pflanze.

→ Ihr Kind lernt mit allen Sinnen.

**Geeignet:** ab 3 Jahren
**Zeitaufwand:** 20 Minuten
**Jahreszeit:** Frühling, Sommer

# 75 Vogelfutterstation

**SIE BRAUCHEN:**

• 3 Stöcke, ca. 20 cm lang • Schnur
• Apfel • dicken Draht • Sonnenblumenkerne

Legen Sie gemeinsam mit Ihrem Kind die Stöckchen so übereinander, dass ein Dreieck entsteht. Binden Sie die Enden mit der Schnur zusammen und knoten Sie an eine der Dreiecksspitzen ein Stück Schnur zum Aufhängen. Stechen Sie den Draht quer durch den Apfel. Nun kann Ihr Kind die Sonnenblumenkerne in den Apfel stecken. Befestigen Sie anschließend den Draht so an den Stöckchen, dass der Apfel mittig im Dreieck hängt. Suchen Sie gemeinsam einen schönen Platz, an dem Sie das Dreieck so aufhängen, dass Sie und Ihr Kind es gut beobachten können. Beobachten Sie, welche Vögel zum Naschen kommen. Wie heißen sie? Kommen auch Vögel, die nur vom Apfel naschen?

**Geeignet:** ab 3 Jahren
**Zeitaufwand:** 30 Minuten
**Jahreszeit:** Winter

## KINDERWISSEN

Am häufigsten kommen vermutlich Amseln an Ihre Apfelstation. Bei kräftigem Frost sollten Sie auf anderes Futter ausweichen, mit dem Sie auch andere Vogelarten anlocken. Sie können im Kinderzimmer ein Poster aufhängen, auf dem die Vogelarten abgebildet sind. Oder Sie schauen gemeinsam in einem Buch oder im Internet nach.

## KREATIVE FÖRDERUNG

→ Ihr Kind lernt heimische Vogelarten kennen.
→ Ihr Kind beobachtet konzentriert.

# Spielen

Alle Kinder sind gerne draußen. Fördern und unterstützen Sie die „Draußen-Lust" Ihres Kindes durch spannende, lustige oder aktive Spiele an der frischen Luft. Diese Spiele machen nicht nur Spaß, sie sorgen auch für Bewegung und fördern die Fantasie und das soziale Miteinander.
Spielen kann Ihr Kind allein, zu zweit oder in einer größeren Gruppe. Ohne oder mit wenig Material lassen sich altbekannte Spiele variieren oder neue ausprobieren. Bei Wind und Wetter ist die spontane Stunde an der frischen Luft eine Bereicherung für Ihr Kind – und für Sie. Viel Spaß dabei!

# 76 Wasserzirkus

**SIE BRAUCHEN:**

• einen Ort zum Planschen (z. B. See, Swimmingpool, Meer o. Ä.) • ggf. Silikonfaden

Kinder zeigen gern, was sie schon alles können! Veranstalten Sie mit Ihrem Kind einen Wasserzirkus! Denken Sie sich gemeinsam Vorführungen aus, die im und am Wasser umgesetzt werden können: Ein Radschlag sieht doppelt so schön aus, wenn dabei das Wasser spritzt. Auch Handstand im Wasser, Sprünge durch einen Reifen oder ein Purzelbaum im flachen Wasser spritzen schön. Jonglieren, Zaubern, Akrobatik auf einem Hocker – viele Zirkusnummern lassen sich umsetzen. Oder zähmen Sie ein Quietscheentchen oder sogar ein aufblasbares Krokodil! Von einem fast durchsichtigen Silikonfaden gezogen sehen die Tiere beinahe lebendig aus.

## Tipp:

**Malen Sie Einladungen, schminken Sie Ihr Kind und denken Sie sich wassertaugliche Kostüme aus. Dann laden Sie Freunde oder Verwandte ein – die Vorstellung kann beginnen!**

**Geeignet:** ab 4 Jahren

**Zeitaufwand:** Üben + 20 Minuten Vorstellung

**Jahreszeit:** Sommer

### KREATIVE FÖRDERUNG

→ Ihr Kind entwickelt neue Ideen.

→ Ihr Kind trainiert seine Grob- und Feinmotorik.

# 77 Hinkelkästchen

**SIE BRAUCHEN:**

- Straßenkreide

Malen Sie gemeinsam ein Hüpfkästchen auf und springen Sie los! Für mehr Abwechslung kommen hier drei neue Hüpfvarianten:

Giraffe: Zeichnen Sie eine Giraffe und unterteilen Sie diese in Felder. Gehüpft wird beidbeinig bis zum Bauch, dann einbeinig bis in den Kopf.

Krake: Malen Sie einen Kraken mit langen, breiten Armen – in die Arme kommen Felder von eins bis fünf. Alle Kinder hüpfen gleichzeitig. Wer zuerst sein Steinchen in den Krakenkopf wirft, hat gewonnen.

Maulwurf: Zeichnen Sie fünf Kästchen und darüber einen Maulwurfshaufen. Nun wird „blind" gehüpft. Am Ende öffnet Ihr Kind die Augen – steht es im Maulwurfshaufen oder daneben?

## Spielanleitung:

**Zur Erinnerung: Ihr Kind wirft einen Stein o. Ä. in das erste Feld. Dann hüpft es darüber hinweg, die anderen Kästchen hoch und wieder hinunter. Vor dem Einser-Kästchen hebt es (einbeinig) den Stein auf und springt wieder darüber hinweg. Hat es keinen Fehler gemacht, wirft es den Stein auf Feld zwei, sonst ist der Nächste dran und Ihr Kind muss wieder bei der Eins starten.**

### KREATIVE FÖRDERUNG

→ Ihr Kind übt Grobmotorik.

→ Ihr Kind hat viel Spaß.

**Geeignet:** ab 5 Jahren

**Zeitaufwand:** 15 Minuten

**Jahreszeit:** ganzjährig

# 78 Krötenwanderung

**SIE BRAUCHEN:**

- mehrere Kinder

Das Krötenspiel: Der Krötenkönig hat seine Kröten fest im Griff! Wenn er befiehlt, dann springen sie! Ein Kind wird als Krötenkönig ausgewählt. Die anderen stellen sich nebeneinander in einer Reihe auf. Der Krötenkönig ruft nun Befehle: „Vor!“ oder „Zurück!“ oder „Links!“ usw. Erst langsam, dann immer schneller. Springt eine Kröte verkehrt, merkt er das sofort. Die Kröte tanzt aus der Reihe und muss am Teichrand warten. Die Kröte, die schließlich übrig bleibt, hat sich als würdig erwiesen und darf der nächste Krötenkönig bzw. die nächste Krötenkönigin sein. (Bei kleineren Kindern sollten Sie statt Links/Rechts-Rufen lieber mit den Händen zeigen, wohin sie hüpfen sollen.)

## KINDERWISSEN

In Deutschland gibt es beispielsweise die Erdkröte. Aus dem Laich schlüpfen Kaulquappen, die sich in Mini-Kröten umwandeln. Diese sind zunächst kleiner als ein Ein-Cent-Stück. Die ausgewachsenen Kröten können bis zu 15 cm lang werden.

## KREATIVE FÖRDERUNG

→ Ihr Kind übt seine Reaktionsschnelligkeit.

→ Ihr Kind lernt, in alle Richtungen zu hüpfen.

**Geeignet:** ab 3 Jahren
**Zeitaufwand:** 10 Minuten
**Jahreszeit:** ganzjährig

# Stock & Stein

## SIE BRAUCHEN:

• 6 Stöcke, ca. 40 cm lang • Kastanien, Steine o. Ä. zum Werfen

Für dieses Spiel stecken Sie erst drei Stöcke in Dreiecksform (Abstand so, dass die anderen Stöcke darübergelegt werden können) in den Boden, sodass sie fest stehen. Legen Sie nun die drei anderen Stöcke darüber – das ist nicht leicht, Sie müssen gemeinsam ausprobieren und tüfteln, bis es klappt! Jeder Mitspieler bekommt fünf Steinchen o. Ä. Die Steinchen müssen so in das Dreieck geworfen werden, dass die Stöcke nicht herunterfallen. Fällt doch ein Stock herunter, hat dieser Mitspieler verloren.  Am Ende siegt, wer die meisten Steinchen innerhalb des Dreiecks liegen hat.

### Tipp:

**Erfinden Sie für kleinere Kinder einen gemeinsamen Gegner, damit das Verlieren nicht so schwer wird: Werfen Sie „Käsestückchen" für die Mäuse ins Mäusehaus. Bricht alles zusammen, ist der Kater gekommen. Die Mäuse haben sich versteckt, der Kater frisst den Käse. Sie müssen neu beginnen!**

### KREATIVE FÖRDERUNG

→ Ihr Kind trainiert zu zielen.

→ Ihr Kind übt seine Auge-Hand-Koordination.

**Geeignet:** ab 4 Jahren

**Zeitaufwand:** 15 Minuten

**Jahreszeit:** ganzjährig

# Zwillingsjagd

### SIE BRAUCHEN:

- einen Platz in Wald, Wiese oder Garten

Jagen Sie Zwillinge: Ihr Kind saust los und sucht irgendeinen natürlichen Gegenstand, z. B. ein Gänseblümchen. Es hält das Blümchen in der Hand versteckt. Alle anderen Mitspieler schauen nun auf die Hände Ihres Kindes. Ihr Kind öffnet sie und ruft: „Zwillingsjagd!“ Nun sausen alle los und suchen noch ein Gänseblümchen. Wer zuerst den „Zwilling“ in die Hand Ihres Kindes legt, hat gewonnen und darf den nächsten Zwillingsgegenstand auswählen.

### Tipp:

**Machen Sie eine richtige Natur-Schnitzeljagd daraus: Legen Sie eine Kastanie mitten auf den Weg. Die Kinder laufen nun so lange weiter, bis sie (wiederum deutlich mitten auf dem Weg) eine weitere Kastanie entdecken. Neben dieser liegt der neue Zwilling, z. B. ein gegabelter Zweig. Wo ist sein Zwilling? Und so weiter.**

**Geeignet:** ab 3 Jahren
**Zeitaufwand:** 15 Minuten
**Jahreszeit:** ganzjährig

### KREATIVE FÖRDERUNG

→ Ihr Kind lernt, genau hinzusehen.

→ Ihr Kind lernt neue Begriffe kennen.

# 8 Schneemann-Suchbild

**SIE BRAUCHEN:**

• Schnee • Accessoires für den Schneemann (z. B. Mütze, Schal, Möhre als Nase, Steine oder Kastanien für Augen, Zähne und Knöpfe, Äste als Besen oder Arme etc.)

Bauen Sie zusammen einen Schneemann! Er sollte nicht zu hoch werden, damit auch die kleineren Kinder beim Spielen an alle Accessoires herankommen. Verzieren Sie ihn gemeinsam mit Schal, Mütze, Möhre, Steinchen und allem, was Ihnen einfällt. Nun sehen Sie (und alle anderen Mitspieler) weg oder halten sich die Augen zu. Ihr Kind nimmt nun ein Teil der Schneemann-Verzierung weg oder tauscht es gegen ein neues Accessoire aus oder verändert nur seinen Platz am Schneemann. Dann ruft Ihr Kind: „Oje, oje, der Schneemann schmilzt!" Wenn Sie sich umdrehen, rufen Sie zurück: „Nein, er sieht nur anders aus, weil ..." , suchen die Veränderung und benennen sie. Dann ist der Nächste dran.

## Tipp:

**Zum Aufwärmen: Ihr Kind steht mit dem Rücken zu allen Mitspielern. Jemand wirft einen Schneeball auf seinen Rücken. Ihr Kind rät, wer es war. Für jedes Falschraten gibt es einen Punkt. Hat es schließlich richtig geraten, muss es sich so oft um die eigene Achse drehen, wie es Falschpunkte gesammelt hat.**

**Geeignet:** ab 3 Jahren
**Zeitaufwand:** 30 Minuten
**Jahreszeit:** Winter

## KREATIVE FÖRDERUNG

→ Ihr Kind lernt, genau hinzusehen.

→ Ihr Kind erfährt viel über die Beschaffenheit von Schnee.

# Natur-Golf



## SIE BRAUCHEN:

• Ast oder Stock, ca. 1 m lang • runden Stein oder Kastanie • Zweige oder etwas Erde

Zunächst sammeln Sie z. B. im Wald geeignete Stöcke und „Bälle“. Jeder Mitspieler bekommt einen Stock. Dann suchen Sie sich einen passenden Platz und machen im Abstand von einigen Metern kleine Mulden in den Boden. Ziehen oder legen Sie eine Startlinie. Der erste Mitspieler schlägt den „Ball“ mit dem Stock ins erste Loch. Es wird gezählt, wie viele Schläge er benötigt. Dann ist der nächste Spieler dran. Danach geht es zum zweiten Loch usw. Gewinner ist, wer die wenigsten Schläge für den gesamten Durchgang bis zum letzten Loch gebraucht hat.

### Tipp:

**Wenn Sie keine Mulden machen können, legen Sie Kreise aus kleinen Zweigen oder etwas Erde. Das sind dann Ihre Spiellöcher.**

**Geeignet:** ab 4 Jahren
**Zeitaufwand:** ca. 20 Minuten
**Jahreszeit:** ganzjährig

### KREATIVE FÖRDERUNG

→ Ihr Kind übt, ein Ziel zu treffen.

→ Ihr Kind trainiert seine Motorik.

# Spieglein, Spieglein

**SIE BRAUCHEN:**

- gerade Anzahl von Mitspielern

Dies ist ein Spiel für eine gerade Anzahl an Mitspielern – auch zu zweit geht es gut. Beide Mitspielern stellen sich Rücken an Rücken auf. Ein Spieler ist der Aktive. Er verändert seine Haltung und sagt dabei laut, was er tut, z. B.: „Ich hebe meinen linken Arm. Ich greife mit der rechten Hand ans linke Knie. Ich strecke meine Zunge heraus." Sein Mitspieler führt die gleichen Bewegungen aus. Sagt der aktive Spieler „Frosten!", so bleiben beide wie eingefroren stehen. Dann drehen sie sich vorsichtig zueinander um, ohne ihre Haltung zu verändern. Und? Sehen sie gleich aus? Wurden die Veränderungen gut kommuniziert, hat der Mitspieler richtig zugehört? Dann werden die Rollen getauscht, bei mehreren Spielern werden später auch die Teams ausgewechselt.

## Tipp:

**Auch ein schönes Spiel für die ungeliebte Sonnenmilch: Stellen Sie sich vor Ihr Kind. Sonnenmilch in die linke Hand (bei Linkshändern umgekehrt), Augen schließen. Mit der rechten Hand in die Milch tippen. Sie sagen: „Ein Punkt auf die Nase. Ein Strich auf die Stirn. Zwei Punkte ... usw." Augen öffnen: Sehen Sie gleich aus? Dann rasch die Sonnenmilch verreiben.**

**KREATIVE FÖRDERUNG**

→ Ihr Kind trainiert seine Haltung.

→ Ihr Kind konzentriert sich.

**Geeignet:** ab 4 Jahren
**Zeitaufwand:** 15 Minuten
**Jahreszeit:** ganzjährig

# 84 Eisbärenjagd

## SIE BRAUCHEN:

• Schnee • größeren Platz (z. B. ein großes Rasenstück oder eine Auffahrt)

Zunächst legen Sie mit Ihrem Kind Wege für die Jagd an: Auf glattem Untergrund mit Besen oder Schneeschaufel, auf Rasen treten Sie den Schnee mit den Füßen platt. Formen Sie gerade Strecken, Kurven oder Kreise. Die Wege dürfen sich kreuzen. Der Weg-Anfang sollte am Ende mit dem Endstück verbunden sein. In der Mitte gestalten Sie eine kleine runde Fläche mit zwei oder drei Ausgängen, das ist die Eishöhle. Am Rand wird ebenso eine Eisbärenhöhle geformt. Nun spielen Sie auf den Wegen Fangen. Ein Eisbär jagt die Pinguine. Die Eishöhle ist ein Ort zum Ausruhen, hier darf kein Pinguin gefangen werden.

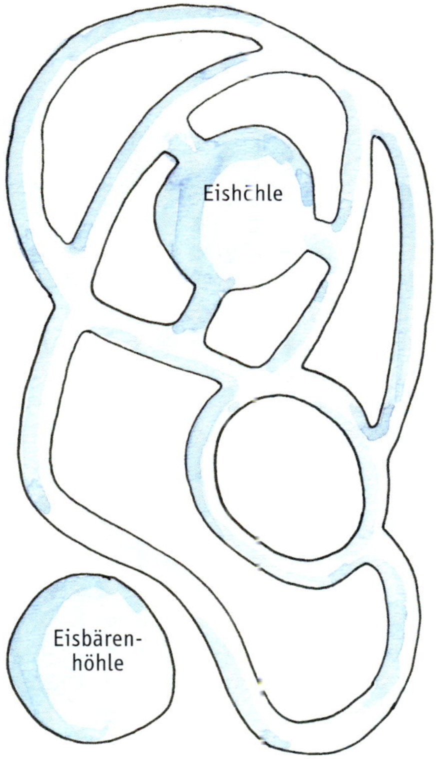


**Geeignet:** ab 3 Jahren
**Zeitaufwand:** ca. 15 Minuten
**Jahreszeit:** Winter

## Tipp:

**Für die größeren Kinder: Wer gefangen wurde, darf nur noch breitbeinig mit Pinguinschritten langsam bis zur Eisbärenhöhle watscheln. An einem watschelnden Pinguin kann man nicht vorbeigehen, man muss durch seine Beine krabbeln!**

## KREATIVE FÖRDERUNG

→ Ihr Kind wird reaktionsschnell.

→ Ihr Kind tobt sich kräftig aus.

# 85 Balancier-Spaß

## SIE BRAUCHEN:

• Gewässer • Balancier-Balken (z. B. Brett, dicken Ast, Stamm o. Ä.)• evtl. Seil oder Schwimmnudel

Suchen Sie sich eine Art Balken, auf dem Ihr Kind balancieren kann. Achten Sie bei den Brettern darauf, dass keine Holzsplitter, Nägel o. Ä. abstehen, an denen Ihr Kind sich verletzen könnte. Legen Sie den Balken ins flache Wasser an einem See oder Teich. Sie können auch im Planschbecken einen Balken platzieren – aber hier ist ein einfaches Seil oder eine Schwimmnudel geeigneter, um das Becken nicht kaputtzumachen. Nun kann Ihr Kind balancieren, zunächst einfach vorwärts einmal über den Balken. Wird es sicherer, kann es rückwärts balancieren, mit geschlossenen Augen, mit den Händen auf dem Rücken oder einem Ball, den es über den Kopf hält.

### Tipp:

**Haben Sie Platz an einem See, stellen Sie sich mit einem anderen Erwachsenen gegenüber und halten Sie den „Balken" (sofern möglich) ein Stück über die Wasseroberfläche. Möchte Ihr Kind vielleicht auch dort oben balancieren?**

**Geeignet:** ab 3 Jahren
**Zeitaufwand:** 15 Minuten
**Jahreszeit:** Sommer

### KREATIVE FÖRDERUNG

→ Ihr Kind schult sein Gleichgewicht.

→ Ihr Kind lernt seinen Körper besser kennen.

86

# Zum Kuckuck!



## SIE BRAUCHEN:

• mindestens 3 Mitspieler • 2 Seile oder mehrere Zweige bzw. Stöcke

Legen Sie im Abstand von ca. 5 m zwei Kreise: Das werden später die Vogelnester. Ein Spieler wird als Adler ausgewählt. Die anderen Spieler setzen sich gemeinsam in ein Nest. Sie verabreden heimlich, wer von ihnen der Kuckuck ist. Der Adler tippt nun einem Kind auf die Schulter. Dieses hält einen Moment ganz still. Ist es nicht der Kuckuck, dreht es sich nur einmal um. Ist es der Kuckuck, flitzt es plötzlich los und versucht, ins andere Nest zu gelangen. Wird es vom Adler gefangen, ist es jetzt der Adler. Schafft der Kuckuck es ins Nest, wird ein neuer Kuckuck ausgewählt und der Adler muss wieder raten. Der letzte Spieler im ersten Nest darf loslaufen, wenn der Kuckuck vor ihm das zweite Nest erreicht hat – aber erst dann! Schafft er es auch ins Nest, muss der erste Adler ganz neu anfangen.

**Geeignet:** ab 4 Jahren
**Zeitaufwand:** 10 Minuten
**Jahreszeit:** ganzjährig

### ? KINDERWISSEN

Nur das Männchen kann „Kuckuck" rufen. Man kann es von April bis Juli hören. Der Adler ist bei uns nicht wirklich ein Feind des Kuckucks, da es ihn in Deutschland nur noch in den Alpen gibt.

### KREATIVE FÖRDERUNG

→ Ihr Kind wird reaktionsschnell.

→ Ihr Kind bewegt sich ausgiebig.

# 87 Wanzenspringen

## SIE BRAUCHEN:

- Rasen oder weichen Untergrund zum Kriechen

Zum Aufwärmen können Sie mit Ihrem Kind und den anderen Mitspielern einfaches Bockspringen üben: Ein Kind bückt sich und ein anderes hüpft breitbeinig darüber hinweg, ggf. kann es sich dabei auf dem Rücken des Gebückten abstützen. Klappt das schon gut? Dann versuchen Sie es mit dem „Wanzenspringen“: Alle Wanzen kriechen auf dem Boden herum. Der Fänger muss sie überspringen. Jede übersprungene Wanze muss still hocken bleiben, es sei denn, eine andere Wanze berührt sie, dann kann sie wieder loskriechen. Wichtig ist, dass die Wanzen immer mit Händen und Beinen bzw. Füßen den Boden berühren. Sind alle Wanzen gefangen, wird ein neuer Springer ausgewählt.

### Tipp:

**Für ältere oder sehr flinke Kinder ändern Sie das Spiel etwas ab: Die Wanzen kriechen nicht auf allen Vieren, sondern laufen gebückt. Wenn der Fänger sie antippt, müssen sie aber stehen bleiben, damit er darüberhüpfen kann.**

**Geeignet:** ab 4 Jahren
**Zeitaufwand:** 10 Minuten
**Jahreszeit:** Sommer

### KREATIVE FÖRDERUNG

→ Ihr Kind hat Spaß.

→ Ihr Kind koordiniert Arme und Beine.

# Pfützen-Pfade

## SIE BRAUCHEN:

• Pfützen • evtl. Kinder-Fahrzeuge (Roller, Fahrrad, Rutschauto o. Ä.)

Suchen Sie in der Umgebung nach großen Pfützen. Scheuen Sie sich nicht vor Regen, ziehen Sie sich und Ihr Kind einfach warm und trocken an. Bei Regen macht Pfützenspringen am meisten Spaß. Nun springen, schreiten, platschen Sie durch die Pfützen. Wer kann die höchsten Fontänen springen? Ihr Kind kann Blätter auf dem Wasser treiben lassen – schafft Ihr Kind es, genau auf das Blatt zu springen? Lassen Sie Eicheln oder Kastanien ins Wasser plumpsen. Ihr Kind versucht, sie möglichst schnell aus dem Wasser herauszukicken. Achtung, das spritzt! Spaß macht es auch, mit einem kleinen Fahrzeug durch die Pfützen zu rasen und das Wasser zu allen Seiten spritzen zu lassen.

### Tipp:

**Machen Sie mit! Diese fröhlichen Erlebnisse bleiben Kindern tief in Erinnerung. Lachen Sie, singen Sie „I'm singing in the rain" oder „Es regnet, es regnet" und tanzen Sie mit Ihrem Kind durch die Pfützen.**

**Geeignet:** ab 3 Jahren
**Zeitaufwand:** ca. 20 Minuten
**Jahreszeit:** ganzjährig

### KREATIVE FÖRDERUNG

→ Ihr Kind erlebt die Natur mit allen Sinnen.

→ Ihr Kind darf sich einmal austoben, ohne sich zu bremsen.

# 89 Wo ist das letzte Osterei?

## SIE BRAUCHEN:

- Osterei oder anderen Gegenstand

Dieses Spiel kann man auch spielen, wenn Ostern schon lange vorbei ist: Der Osterhase hat sein letztes Osterei verloren. Wo hat er es nur versteckt? Ein Spieler versteckt das „Ei“, also den Gegenstand, und ruft dann: „Verflixt, wo ist das letzte Osterei?“ Die anderen Häschen flitzen los und suchen es. Wer es findet, darf als Nächster der vergessliche Osterhase sein. Bei größeren Kindern kann man die Suche erschweren, indem man als Osterei etwas Natürliches wählt, etwa eine Feder, einen Stein oder einen Ast.

### Tipp:

**Statt des Osterhasen kann natürlich auch die Hexe ihren Zauberstab oder ihre Zauberkugel suchen, der Weihnachtsmann das letzte Geschenk, der Pirat seinen Schatz ...**

### KREATIVE FÖRDERUNG

→ Ihr Kind lernt, genau hinzusehen.

→ Ihr Kind konzentriert sich auf eine Sache.

**Geeignet:** ab 3 Jahren
**Zeitaufwand:** 10 Minuten
**Jahreszeit:** ganzjährig

# Schatz-Fund!

## SIE BRAUCHEN:

• Sand • Schaufel • Sandeimer • kleines Gummi- oder Kunststofftier • evtl. kleine Münzen oder alten Schlüssel • Kindermesser • Pinsel



Füllen Sie den Eimer ungefähr zur Hälfte mit angefeuchtetem Sand. Legen Sie dann das Tier hinein. Füllen Sie den Eimer mit Sand auf und klopfen Sie ihn mit der Hand gut fest. Stülpen Sie den Eimer um und nehmen Sie ihn hoch. Lassen Sie den Sand etwas antrocknen. Mit Kindermesser und Pinsel kann Ihr Kind nun ganz vorsichtig den Sand abtragen – bis es zu dem fantastischen Fund kommt. Hat Ihr Kind das Tier freigelegt, können Sie gemeinsam einen neuen Sand-Berg vorbereiten. Vielleicht verstecken Sie auch einmal kleine Münzen, einen alten Schlüssel oder andere Kinderschätze.

### Tipp:

**Sie können diese Sand-Ausgrabungs-Berge auch gut für den nächsten Kindergeburtstag vorbereiten. Verstecken Sie dann außer einer Figur noch sicher verpackte Süßigkeiten (z. B. Lutscher oder Schokotaler) und eine Glücksmünze.**

**Geeignet:** ab 3 Jahren

**Zeitaufwand:** 10 Minuten + Vorbereitung

**Jahreszeit:** ganzjährig

### KREATIVE FÖRDERUNG

→ Ihr Kind konzentriert sich.

→ Ihr Kind schult seine Feinmotorik.

# Bogen-Bau

## SIE BRAUCHEN:

• biegsamen Strauchast (z. B. Holunder), ø 1–2 cm • 2 dünne kurze Äste, ø ca. 5 mm, 30 cm lang • feste Schnur • Moosgummirest (alternativ: Filz- oder Lederrest) • 2 Korken • (Schnitz-)Messer • evtl. Klebstoff

Dieses Projekt erfordert schon etwas Fingerfertigkeit, aber Ihr Kind kann Sie auch gut mit Handreichungen u. Ä. unterstützen. Zuerst ritzen Sie mit dem Messer an beide Stockenden eine Kerbe. Binden Sie die Schnur in einer der Kerben fest. Ziehen Sie nun die Schnur stramm, sodass der Ast sich etwas biegt. Binden Sie die Schnur nun auch auf der anderen Seite fest – fertig ist der Bogen. Für einen Pfeil schnitzen Sie den Korken auf einer Seite kegelförmig. Bohren Sie ein Loch in die andere Seite und stecken Sie den Korken auf einen kurzen Stock. Machen Sie eine Kerbe in das Stockende und stecken Sie hier ein dreieckiges Stück Leder oder Moosgummi hinein (Korken und Stoff evtl. festkleben). Nun erklären Sie die Regeln und los geht's!

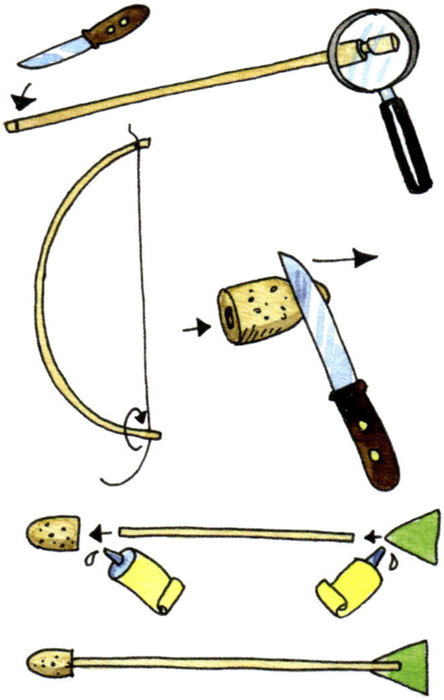

## Tipp:

**Sträucher werden regelmäßig zurückgeschnitten. Wenn Sie so etwas beobachten, können Sie um einen Ast bitten und so auch in der Stadt leicht an einen langen Stock gelangen. Zu den Regeln gehört: Nicht auf Menschen schießen! Niemanden verletzen, nichts kaputt machen, den Stock nicht anspitzen usw.**

## KREATIVE FÖRDERUNG

→ Ihr Kind lernt zielen.

→ Ihr Kind trainiert Haltung und Anspannung.

**Geeignet:** ab 4 Jahren

**Zeitaufwand:** 15 Minuten Basteln + Spiel

**Jahreszeit:** Frühling, Sommer, Herbst

# Zapfen angeln



### SIE BRAUCHEN:

• mehrere Kiefernzapfen • längeren Stock • Band, ca. 1 m lang • Draht, ca. 20 cm lang evtl. Gemüsenetz (z. B. von Kartoffeln) • ggf. Acrylfarbe und Pinsel

Bauen Sie gemeinsam mit Ihrem Kind eine einfache Angel: Binden Sie eine Schnur an das eine Ende des langen Stocks. Dann legen Sie den Draht doppelt und biegen ihn zu einer Schlaufe, die Sie am losen Bandende befestigen. Nun werfen Sie die Fischlein ins Meer bzw. die Tannenzapfen aus: Wenn Sie ein Planschbecken, einen Eimer Wasser oder einen Fluss in der Nähe haben, können Sie die Zapfen schwimmen lassen, ansonsten legen Sie sie einfach auf den Boden. Ihr Kind versucht nun, die Zapfen zu angeln. Wenn Sie zwei Angeln bauen, können Sie mit ihm um die Wette angeln. Natürlich können Sie die Zapfen auch in verschiedenen Farben bemalen und den Farben eine unterschiedliche Punktzahl zuordnen, sodass Sie am Ende zählen können, wer die meisten Punkte hat!

### Tipp:

Das Angeln funktioniert nur richtig, wenn die Zapfen schön geöffnet sind. Finden Sie nur geschlossene Zapfen oder Zapfen der Fichte, so schieben Sie den Draht durch ein Stück Gemüsenetz, bevor Sie ihn am Band befestigen. Das erleichtert übrigens auch kleinen Kindern das Fischen.

**Geeignet:** ab 3 Jahren

**Zeitaufwand:** 15 Minuten

**Jahreszeit:** ganzjährig

### KREATIVE FÖRDERUNG

→ Ihr Kind konzentriert sich.

→ Ihr Kind trainiert seine Hand-Auge-Koordination.

# 93 Spiellandschaft

**SIE BRAUCHEN:**

- Naturfundstücke (z. B. Stöcke, Zweige, Rinde, Steinchen, Gras, Blumen, Halme, Zapfen, Blätter etc.)

Zuerst spielen Sie zusammen mit Ihrem Kind „Natursachensucher“. Sichten Sie dann Ihre Fundstücke. Überlegen Sie gemeinsam, was Sie aus den schönsten bauen könnten. Eine Ritterburg? Einen Zirkus? Einen Bauernhof? Ein Indianerdorf? Was fällt Ihnen beiden ein? Haben Sie eine Idee, können Sie loslegen: Aus kleinen Stöckchen werden rasch Tipis, Zäune oder Hütten, Rindenstücke eignen sich hervorragend für Dächer. Ist die Spiellandschaft fertig, können Sie losspielen. Dabei werden Zapfen zu Kühen, Steinchen zu Indianern, Stöcke zu Rittern usw. Viel Spaß!

## ? KINDERWISSEN

Die Rinde ist die äußere Haut des Baumes. Bricht von der Baumrinde ein Stück heraus, können hier Pilze oder andere Schädlinge eindringen und der Baum kann krank werden. Daher bitte keine Rinde vom Baum abbrechen, sondern nur Fundstücke vom Boden verwenden.

## KREATIVE FÖRDERUNG

→ Ihr Kind entwickelt neue Ideen.

→ Ihr Kind lässt seiner Fantasie freien Lauf.

**Geeignet:** ab 3 Jahren
**Zeitaufwand:** 20 Minuten
**Jahreszeit:** ganzjährig

# 94 Was fehlt hier?

## SIE BRAUCHEN:

• Wäscheleine oder Schnur • 5–10 Wäscheklammern
• Naturfundstücke zum Festklammern

Binden Sie die Leine so an zwei Bäume, Spielgeräte oder Stühle, dass Ihr Kind sie gut erreichen kann. Ihr Kind steckt nun fünf bis zehn Wäscheklammern (je nach Alter des Kindes) darauf. Jetzt suchen Sie gemeinsam nach Dingen, die man an die Klammern heften kann – Sie brauchen fünf bis zehn unterschiedliche Sachen, z. B. große und kleine Blätter, Blumen, Rindenstücke, Äste, kleine Zweige, Vogeleierschalenreste, Federn, Grashalme etc. Stecken Sie die Fundstücke gemeinsam an die Klammern.
Nun dreht Ihr Kind sich um und Sie nehmen ein oder zwei Dinge von der Leine – die Klammern bleiben als Denkhilfe hängen. Ihr Kind darf sich umdrehen und raten: Was fehlt?

### Tipp:

**Zur Abwechslung tauschen Sie die Gegenstände ab und zu aus. Schön ist es auch, als Überraschung einmal ein Gummibärchen an die Leine zu heften. Wogegen wurde es ausgetauscht?**

**Geeignet:** ab 3 Jahren
**Zeitaufwand:** 15 Minuten
**Jahreszeit:** ganzjährig

### KREATIVE FÖRDERUNG

→ Ihr Kind schult sein Gedächtnis.
→ Ihr Kind verbessert seine Fingerfertigkeit.

# Natur-Orchester

### SIE BRAUCHEN:

- Naturmaterialien aus der Umgebung (z. B. Stöckchen, trockene Blätter, Grashalme, Steine, Kastanien, Baumstamm in der Nähe etc.)

Musik können Sie mit allem machen, was Sie in der Natur entdecken – gehen Sie gemeinsam auf die Suche und probieren Sie aus, womit sich Töne erzeugen lassen. Ihr Kind kann Stöcke als Klanghölzer gegeneinanderschlagen, auf einen Baumstamm klatschen, mit trockenen Blättern rascheln oder Steine aneinanderklopfen. Sie können auf einem Grashalm oder einem Eichelhütchen pfeifen. Jeder, der mitspielt, sucht sich ein „Instrument" aus. Nun schlagen, rascheln und pfeifen Sie gemeinsam im Takt: 1, 2, 3 (Pause). Und noch einmal. Sie können auch Geräusche dazu machen: „U, i, u, (Pause)" oder „Ksch, ksch, ksch, (Pause)". Sind alle im Takt? Dann singen Sie dazu „Hänschen klein" oder ein anderes Lied. Nehmen Sie das kleine Orchester auch mal mit dem Handy auf.

### Tipp:

**Sie können auch richtige Instrumente basteln – Anregungen dazu finden Sie in Bastelbüchern oder im Internet: Schellenstäbe, Zupfinstrumente, Flöten aus Zweigen etc.**

**Geeignet:** ab 3 Jahren
**Zeitaufwand:** 15 Minuten
**Jahreszeit:** ganzjährig

### KREATIVE FÖRDERUNG

→ Ihr Kind bekommt Taktgefühl.

→ Ihr Kind schult sein Gehör.

96

# Natur-Pantomime



## SIE BRAUCHEN:

• Platz mit vielen Pflanzen • 3 Mitspieler

Sie benötigen mindestens drei Mitspieler. Ein Spieler denkt sich etwas aus, das man draußen machen kann. Dabei soll die Natur mit einbezogen werden, also z. B. einen Baum umarmen, eine Blume pflücken, ein Loch graben, einen Schmetterling fangen, einen Baum fällen etc. Diese Idee flüstert er dem Pantomimen. Dieser versucht nun, ohne Worte die Aktion vorzuführen. Dabei darf er die Natur natürlich mit einbeziehen. Der dritte bzw. die anderen Mitspieler müssen raten, was die Aktion war. Wer es erraten hat, ist der nächste Pantomime – der Vorführer denkt sich die neue Idee aus.

### Tipp:

**Für ältere Kinder kann das Spiel erschwert werden: Gesucht werden dann komplexere Sätze wie z. B. Sprichworte: „Der Apfel fällt nicht weit vom Stamm.“ Oder Lieder: „Auf unsrer Wiese geht was ...“**

**Geeignet:** ab 4 Jahren
**Zeitaufwand:** 10 Minuten
**Jahreszeit:** ganzjährig

### KREATIVE FÖRDERUNG

→ Ihr Kind konzentriert sich.

→ Ihr Kind schult seine Motorik.

# 97 Laub-Sauger

## SIE BRAUCHEN:

• mehrere Strohhalme, ø 3–4 mm • Blätter • 1 Becher pro Person

Jeder Mitspieler sucht sich zehn Blätter. Sie sollten nicht zu groß sein, da es sonst sehr schwierig ist, sie anzusaugen. Nun stellt jeder seinen Becher vor sich auf und legt die Blätter drumherum oder auf einen Haufen daneben. Jeder nimmt einen Strohhalm in den Mund und legt die Hände auf den Rücken (kleinere Kinder halten den Strohhalm fest). Auf Ihr Startkommando hin saugen alle Spieler das erste Blatt an den Strohhalm und heben es in den Becher. Loslassen, das nächste Blatt ansaugen. Wer zuerst alle Blätter im Becher hat, hat gewonnen!

## ? KINDERWISSEN

Es gibt Blätter, die man aufgrund giftiger Inhaltsstoffe keinesfalls schlucken und besser nicht anfassen sollte – klären Sie Ihr Kind über giftige Pflanzen auf und verwenden Sie für dieses Spiel z. B. keine Efeublätter, Buchsbaumblätter, Maiglöckchenblätter, Rhododendronblätter u. a. Informieren Sie sich ausführlich.

## KREATIVE FÖRDERUNG

→ Ihr Kind trainiert seine Mundmotorik.

→ Ihr Kind hat viel Spaß.

**Geeignet:** ab 4 Jahren

**Zeitaufwand:** 15 Minuten

**Jahreszeit:** ganzjährig

# 98 Wasser-Träger

### SIE BRAUCHEN:

• 4 Eimer • Wasser

Ein Spiel für einen warmen Sommertag und viel gute Laune: Stellen Sie zwei Mannschaften zusammen – mindestens aber benötigen Sie zwei Spieler. Platzieren Sie zwei leere Eimer an einer Stelle, die übermäßig nass werden darf. Einige Meter davon entfernt (ebenfalls an wasserfester Stelle) stellen Sie zwei mit Wasser gefüllte Eimer auf. Die Mitspieler stellen sich neben die leeren Eimer. Auf das Startzeichen hin läuft je ein Spieler zum vollen Eimer und nimmt so viel Wasser mit, wie er tragen kann. Er darf keine Hilfsmittel benutzen, hat also nur seine Hände, seinen Mund, seine Kleidung und Schuhe. Das Wasser muss in den leeren Eimer. Nun ist der nächste Spieler der Mannschaft dran – bei zwei Spielern wird auf Zeit gespielt. Schließlich wird die Wassermenge verglichen: Wessen Eimer ist voller?

### Tipp:

**Kleinere Kinder benötigen ein Hilfsmittel: einen Becher oder einen Schwamm zum Ausdrücken. Für größere Mitspieler kann man auch Hilfsmittel vorschreiben, die die Fantasie anregen: einen unaufgeblasenen Luftballon, eine Orange, eine kleine (noch volle) Wasserflasche, eine Rolle Klebeband usw.**

**Geeignet:** ab 3 Jahren
**Zeitaufwand:** 15 Minuten
**Jahreszeit:** Sommer

### KREATIVE FÖRDERUNG

→ Ihr Kind entwickelt Fantasie.

→ Ihr Kind hat Spaß.

# Eins, zwei oder drei

## SIE BRAUCHEN:

• Straßenkreide • Naturfundstücke

Zeichnen Sie zusammen vier Kästchen auf. Nun sammeln Sie gemeinsam Fundstücke, dabei sollen es nicht nur verschiedene, sondern auch viele von einer Sorte sein, z. B. eine Menge Eicheln, Steine, Blätter, Gänseblümchen, Gräser, Federn etc. Nun legt der Spielleiter von einem Naturmaterial (z. B. Steine) in jeden Kreis einen etwa gleich großen Haufen. Dann gehen alle um die Kreise herum und schätzen, in welchem die meisten Steine liegen. Dabei rufen sie: „Ene, mene, miste, es rappelt in der Kiste. Ene, mene, meck, und du bist – weg!“ Bei „weg“ springt jeder in einen der Kreise. Nun zählen Sie aus. Wer im richtigen Kreis steht, spielt in der zweiten Runde mit – bis nur noch einer übrig bleibt: der Gewinner.

## Tipp:

**Legen Sie nach dem Spielen ein Mandala oder ein schönes Muster aus den Naturmaterialien, z. B. eine Schnecke, eine Schlange oder ein Tic-Tac-Toe-Brett (mit dem Sie dann auch spielen können!).**

### KREATIVE FÖRDERUNG

→ Ihr Kind lernt schätzen.

→ Ihr Kind wird reaktionsschnell.

**Geeignet:** ab 4 Jahren

**Zeitaufwand:** 15 Minuten

**Jahreszeit:** ganzjährig

# Gold schürfen!

## SIE BRAUCHEN:

• kleine Steine • Acrylfarbe in Gold • Pinsel • Sandkasten • Schippe • Sieb

Malen Sie gemeinsam mit Ihrem Kind mehrere kleine Steine golden an. Das werden die Goldnuggets, die später gefunden werden. Lassen Sie die Steine einen Tag trocknen. Verstecken Sie die Steine im trockenen Sand. Bei großen Sandkästen oder auf Spielplätzen grenzen Sie die Suche für Ihr Kind ein, indem sie die Fläche markieren, in der Ihr Kind etwas finden kann, z. B. mit Stöckchen. Ihr Kind darf nun Sand in das Sieb schaufeln und kräftig sieben. Bestimmt wird es bald Gold finden! Sie können auch sehr kleine Steine nehmen oder sie ganz bunt anmalen, sodass sie verschiedene Edelsteine darstellen!

### Tipp:,

**Daheim darf Ihr Kind die Steine in einer „Schatztruhe" präsentieren: Es steckt die Steine in eine leere Flasche oder ein leeres Marmeladenglas. Befestigen Sie mit Schleifenband ein hübsches Schild: „Schatzfund März 2013"!**

**Geeignet:** ab 3 Jahren
**Zeitaufwand:** 20 Minuten
**Jahreszeit:** ganzjährig

### KREATIVE FÖRDERUNG

→ Ihr Kind übt sich in Geduld.

→ Ihr Kind trainiert seine Fingerfertigkeit.

# Förder- und Projektübersicht

| | Projekt | Seite | Kreativität | Fein-motorik | Grob-motorik | Geduld/ Ausdauer |
|---|---|---|---|---|---|---|
| | **Sinneserfahrung** | | | | | |
| 1. | Peeling-Feeling | 7 | x | x | | x |
| 2. | Spür-Steine | 8 | | x | | x |
| 3. | Heubad | 9 | x | | x | |
| 4. | Pflanzen-Spaß | 10 | x | x | x | x |
| 5. | Ein Bild von mir! | 11 | x | x | | x |
| 6. | Farbe selbst gemacht | 12 | x | x | | x |
| 7. | Barfuß-Fühlpfad | 13 | x | x | x | x |
| 8. | Erd-Erfahrung | 14 | | x | | x |
| 9. | Blüten-Tatoo | 15 | x | x | | x |
| 10. | Duft-Dosen | 16 | x | x | | x |
| 11. | Nachts ist alles anders | 17 | | | | |
| 12. | Fühlkiste | 18 | x | x | | x |
| 13. | Regenlauschen | 19 | x | | x | x |
| 14. | Wasser-Entspannung | 20 | x | x | | x |
| 15. | Lagerfeuer-Bratkartoffeln | 21 | | x | | x |
| 16. | Natur-Namen | 22 | x | x | | |
| 17. | Laub-Lust | 23 | x | | x | |
| 18. | Kirschkern-Wettspucken | 24 | | x | | x |
| 19. | Baum-Knuddelei | 25 | | | x | |
| 20. | Eis-Kracher | 26 | x | | x | x |
| 21. | Wolkenwunder | 27 | x | | | x |
| 22. | Edelsteine in Erbsen | 28 | | x | | x |
| 23. | Sand-Pyramide | 29 | x | x | | x |

| | Beobachten | Hören | Sehen | Fühlen/ Tasten | Riechen/ Schmecken | Bewegen/ Austoben | Zur-Ruhe-Kommen | Gemacht am |
|---|---|---|---|---|---|---|---|---|
| | | | | | | | | |
| | x | | | x | | | x | |
| | | | | x | | | x | |
| | | | x | x | x | x | | |
| | x | | x | x | | x | | |
| | x | | x | x | | | x | |
| | x | | x | | x | | | |
| | x | x | x | x | | | x | |
| | x | | x | x | x | | x | |
| | | | x | x | | | x | |
| | x | | x | x | x | | x | |
| | | | | | | | | |
| | x | | | x | | | x | |
| | x | x | | | | x | | |
| | x | | x | x | | | x | |
| | x | x | x | x | x | | x | |
| | | | x | | | | x | |
| | | x | x | x | x | x | | |
| | | | x | | x | x | | |
| | x | x | x | x | x | | x | |
| | x | | x | x | | x | | |
| | x | | x | | | | x | |
| | x | | | x | | | x | |
| | x | | x | x | | | x | |

| | | | | | | |
|---|---|---|---|---|---|---|
| 24. | Gib dem Jahr ein Gesicht | 30 | x | x | | x |
| 25. | Klapper-Geschichte | 31 | x | x | | x |
| | **Kreativ gestalten** | | | | | |
| 26. | Geheimnisvolle Steine | 33 | x | x | | x |
| 27. | Freche Frucht-Gesellen | 34 | | x | | x |
| 28. | Eis-Zapfen | 35 | x | x | | x |
| 29. | Hagebutten-Herz | 36 | | x | | x |
| 30. | Einfamilienhaus | 37 | | x | | x |
| 31. | Holziger Anhänger | 38 | x | x | | x |
| 32. | Schnitz-Mikado | 39 | x | x | | x |
| 33. | Heimkomm-Eule | 40 | | x | | x |
| 34. | Zapfen-Hase | 41 | | x | | x |
| 35. | Schnee-Maus | 42 | x | x | | x |
| 36. | Nadel-Igel | 43 | | x | | x |
| 37. | Mini-Tipi | 44 | | | x | x |
| 38. | Ein Herz für Kürbisse | 45 | | x | | x |
| 39. | Grünstreifen | 46 | x | x | | x |
| 40. | Feder-Maske | 47 | x | x | | x |
| 41. | Kastanienmonster | 48 | x | x | | x |
| 42. | Blätter-Rad | 49 | x | x | | x |
| 43. | Schnee-Gespenster | 50 | | x | x | x |
| 44. | Edler Hirschkopf | 51 | | x | | x |
| 45. | Blätterrassel | 52 | x | x | | x |
| 46. | Kastanien-Theater | 53 | x | x | | x |
| 47. | Kürbis-Kumpel | 54 | x | x | | x |
| 48. | Stielaugen | 55 | | x | | x |
| 49. | Blätterwald vor der Tür | 56 | x | x | | x |
| 50. | Stöckchen-Stern | 57 | | x | | x |

| | | | | | | | |
|---|---|---|---|---|---|---|---|
| x | | x | x | | | x | |
| x | x | x | | | | x | |
| | | | | | | | |
| | | x | x | | | x | |
| | | x | | x | | x | |
| x | | x | x | | | x | |
| | | x | x | x | | x | |
| | | x | x | | | x | |
| | | x | x | | | x | |
| x | | x | x | | | x | |
| | x | x | x | | | x | |
| | | x | x | | | x | |
| | | x | x | | | x | |
| x | | x | x | | | x | |
| x | | x | x | | x | | |
| | | x | x | x | | x | |
| | | x | x | | | x | |
| | | x | x | | | x | |
| | | x | x | | | x | |
| x | | x | x | | | x | |
| x | | x | x | | x | | |
| | | x | x | | | x | |
| x | x | x | x | | x | x | |
| x | x | x | x | | | x | |
| | | x | x | | | x | |
| | | x | x | | | x | |
| x | | x | x | | | x | |
| | | x | x | | | x | |

| | Experimente | | | | | | |
|---|---|---|---|---|---|---|---|
| 51. | Forschungsreihe Löwenzahn | 59 | | x | | x | |
| 52. | Raupen-Hotel | 60 | | x | | x | |
| 53. | Das kenne ich! | 61 | x | x | | x | |
| 54. | Volle Kraft voraus! | 62 | x | x | | x | |
| 55. | Forschungsreihe Gänseblümchen | 63 | | x | | x | |
| 56. | Alle Kartoffeln im Eimer | 64 | | x | x | x | |
| 57. | Wildwasserbahn | 65 | x | x | | x | |
| 58. | Geheimnisvolle Spuren | 66 | x | x | | x | |
| 59. | Blätter-Schwund | 67 | | x | x | x | |
| 60. | Apfel-Prägung | 68 | x | x | | x | |
| 61. | Blumen-Forscher | 69 | x | x | | x | |
| 62. | Gemüse-Kiste | 70 | | x | | x | |
| 63. | Tierschau | 71 | | x | | x | |
| 64. | Was ist drin? | 72 | | x | x | x | |
| 65. | Wasserrad | 73 | x | x | | x | |
| 66. | Was duftet hier? | 74 | x | x | | x | |
| 67. | Apfelgesichter | 75 | | x | | x | |
| 68. | Schnee-Graffiti | 76 | x | x | | x | |
| 69. | Regenmesser | 77 | | x | | x | |
| 70. | Feuer-Stapel | 78 | | x | x | x | |
| 71. | Muster-Blatt | 79 | x | x | | x | |
| 72. | Zauber-Zweige | 80 | | x | | x | |
| 73. | Wassersteine | 81 | x | x | | x | |
| 74. | Forschungsreihe Sonnenblume | 82 | x | x | | x | |

| | | | | | | | | |
|---|---|---|---|---|---|---|---|---|
| | x | | x | x | x | | x | |
| | x | | x | | | | x | |
| | x | | x | x | | | x | |
| | x | | x | x | | | x | |
| | x | | x | x | x | | x | |
| | x | | x | x | x | | x | |
| | x | | x | | | | x | |
| | x | | x | | | x | | |
| | x | | x | | | x | | |
| | x | | x | | | | x | |
| | x | | x | x | | | x | |
| | x | | x | x | x | | x | |
| | x | | x | x | | | x | |
| | x | x | x | x | x | x | | |
| | x | x | x | x | | | x | |
| | x | | x | x | x | | x | |
| | x | | x | x | | | x | |
| | x | | x | | x | | x | |
| | x | x | x | | | | x | |
| | x | x | x | | x | x | | |
| | x | | x | x | | | x | |
| | x | | x | | x | | x | |
| | x | | x | x | | | x | |
| | x | | x | x | x | | x | |

| | | | | | | | |
|---|---|---|---|---|---|---|---|
| 75. | Vogelfutterstation | 83 | | x | | x | |
| | Spielen | | | | | | |
| 76. | Wasserzirkus | 85 | x | | x | x | |
| 77. | Hinkelkästchen | 86 | x | | x | x | |
| 78. | Krötenwanderung | 87 | x | | x | x | |
| 79. | Stock & Stein | 88 | | | x | x | |
| 80. | Zwillingsjagd | 89 | x | | x | x | |
| 81. | Schneemann-Suchbild | 90 | x | x | x | x | |
| 82. | Natur-Golf | 91 | x | | x | x | |
| 83. | Spieglein, Spieglein | 92 | x | x | | x | |
| 84. | Eisbärenjagd | 93 | x | | x | x | |
| 85. | Balancier-Spaß | 94 | x | | x | x | |
| 86. | Zum Kuckuck! | 95 | | | x | x | |
| 87. | Wanzenspringen | 96 | | | x | x | |
| 88. | Pfützen-Pfade | 97 | x | | x | x | |
| 89. | Wo ist das letzte Osterei? | 98 | x | | x | x | |
| 90. | Schatz-Fund! | 99 | | x | | x | |
| 91. | Bogen-Bau | 100 | | x | x | x | |
| 92. | Zapfen angeln | 101 | | x | x | x | |
| 93. | Spiellandschaft | 102 | x | x | | x | |
| 94. | Was fehlt hier? | 103 | x | x | | x | |
| 95. | Natur-Orchester | 104 | x | x | | x | |
| 96. | Natur-Pantomime | 105 | x | x | x | x | |
| 97. | Laub-Sauger | 106 | | x | | x | |
| 98. | Wasser-Träger | 107 | x | x | x | x | |
| 99. | Eins, zwei oder drei | 108 | x | x | x | x | |
| 100. | Gold schürfen! | 109 | | x | x | x | |

| | | | | | | | |
|---|---|---|---|---|---|---|---|
| x | | x | x | | | x | |
| | | | | | | | |
| | x | x | x | x | x | | |
| | | x | | | x | | |
| x | x | x | | | x | | |
| x | | x | | | x | | |
| x | | x | x | | x | | |
| x | | x | x | | x | | |
| x | | x | | | x | | |
| x | x | x | | | x | | |
| x | | x | | | x | | |
| | | | x | | x | | |
| x | | x | | | x | | |
| x | | x | | | x | | |
| x | x | x | | | x | | |
| x | | x | | | x | | |
| x | | x | x | | | x | |
| x | | x | x | | | x | |
| x | | x | | | | x | |
| x | | x | x | | | x | |
| x | | x | x | | | x | |
| x | x | x | x | | x | | |
| x | x | x | x | | x | | |
| x | | x | x | | x | | |
| x | | x | x | x | x | | |
| x | | x | x | | x | | |
| x | | x | x | | | x | |

# Forschungsreise durch den Wald

Ein Ausflug in den Wald – ist das nicht langweilig? Keineswegs! Gestalten Sie den Tag einmal anders: Geben Sie Ihrem Kind einen Forscherauftrag! Lassen Sie es die Führung übernehmen und einfach loslaufen. Es erledigt seine Forscheraufträge – Sie können die Stille genießen und als Assistent hin und wieder aushelfen.

## FORSCHUNGSAUFTRAG

1. Suche drei verschiedene Tierarten. Zeichne sie ab, so gut du kannst.
2. Finde zwei unterschiedliche Baumarten. Rubble die Rinde auf ein Papier.
3. Beobachte das Licht. Wo ist es dunkel, wo heller?
4. Schließe die Augen. Was hörst du? Schreibe es auf oder lass es von deinem Assistenten notieren.
5. Finde drei Dinge, die du auseinandernimmst und von innen untersuchen kannst (z. B. Tannenzapfen, Moos, abgefallene Rinde, Ast – keine Tiere!).

## FORSCHERDIPLOM

Geben Sie Ihrem Kind einen kleinen Sonderauftrag: Es soll für sich einen Glücksstein oder eine Glücksfeder finden. Später befestigen Sie diesen Beweis seiner Forscherarbeit an einem Lederband – so hat Ihr Kind eine Anerkennung und kann sich als Wald-Forscher ausweisen.

## FORSCHERAUSRÜSTUNG – ASSISTENT

Trinkflaschen
Taschentücher
Toilettenpapier
kleine Mülltüte
kleine Notfalltasche (Pflaster etc.)
Stofftaschen für Sammelstücke
Taschenmesser (für den Erwachsenen)
Picknickkorb (s. u.)
Handy (kann sich bei Verletzungen als sinnvoll erweisen)
Taschenlampe (im Winter)

## FORSCHUNGSGEBIET

Ziehen Sie ggf. warme und wasserdichte Kleidung an. Wählen Sie Kleidung, die schmutzig werden darf und bei der Sie sich über Risse oder Löcher nicht zu sehr ärgern müssen. Gummistiefel sind wasserdicht, aber bei hügeligem oder rutschigem Gelände nicht sehr sicher. Passen Sie das Schuhwerk dem Waldstück an. Ziehen Sie zum Schutz vor Zecken auch im Sommer lange Hosen an.

## FORSCHERAUSRÜSTUNG

- Lupe
- Kindermesser
- Schnur
- Stofftasche
- kleine Tüten oder Plastikgefäße für Fundstücke
- Bleistift
- Notizbuch
- Pinzette

## STÄRKUNG FÜR KLEINE FORSCHER

Natürlich muss ein Forscher gut verpflegt werden. Ihnen als Begleitung kommt die Versorgeraufgabe zu. Neben einem normalen Picknick können Sie das Catering passend zum Thema gestalten:
Wildschweinfutter: Pilze (roh zum Knabbern) oder „Pilzsandwiches“ (mit Pilz-Backform ausgestochener Käsetoast)
Hasenknabberzeug: Nüsse oder Nusskuchen
Bärenschleckerei: Waldhonigstulle
Süßes: Buchenrinde (Borkenschokolade), frei laufende Bären (Gummibärchen), Krabbelkäfer (Schokoladen(mai)käfer), Raupenfraß (Schokoladenblätter)

## WAS TUN BEI: FORSCHERERSCHÖPFUNG, AUCH „LAUF-UNLUST“ GENANNT?

Irgendwann kommen Sie an den Punkt, an dem auch neugierige Forscher nicht mehr laufen wollen. Die letzte Pause ist noch nicht lang her und Sie möchten endlich weitergehen. Lenken Sie Ihr Kind/die Kinder ab! Erzählen Sie Ihnen eine Geschichte. Je nach Alter kann es eine putzige Geschichte von kleinen Waldzwergen oder -feen sein oder auch eine spannendere Geschichte, z. B. von Räubern, die eine Kutsche überfallen. Fangen Sie einfach an, es ist leichter, als Sie denken. Und ganz nebenher laufen die Kinder und laufen und laufen …

# Forschungsreise im Regen

Im Regen nach draußen? Unbedingt! Regenwetter ist spannend, wenn man eine Aufgabe hat: Geben Sie Ihrem Kind einen Forscherauftrag. Lassen Sie es die Führung übernehmen und einfach loslaufen. Es erledigt seine Forscheraufträge – Sie können das Prasseln auf den Schirm genießen und als Assistent hin und wieder aushelfen.

## FORSCHUNGSAUFTRAG

1. Untersuche, wo der Regen bleibt: Schau, wohin er verschwindet.
2. Stelle einen Eimer in den Regen. Wie viel Wasser ist nach einer halben Stunde darin? Schütte den Inhalt in einen Messbecher, um zu sehen, wie viel es ist.
3. Lege ein Blatt Papier und ein Stück Folie in den Regen. Was geschieht mit den darauffallenden Regentropfen?
4. Suche nach Tieren. Entdeckst du welche oder sind alle perfekt vor dem Regen versteckt?
5. Probiere aus, ob ein selbst erfundener Regentanz von dir den Regen beenden kann.

## FORSCHUNGSGEBIET

So ein Regenforscher hat Glück: Er braucht keine besondere Umgebung, sondern nur das richtige Wetter. Viele kleine Regenstudien lassen sich sogar auf einem Gehweg oder Balkon durchführen.

## FORSCHERDIPLOM

Geben Sie Ihrem Kind einen kleinen Sonderauftrag: Es zerbröselt im Trockenen etwas bunte Kreide und streut sie auf ein A4-Blatt. Dann legt es das Papier in den Regen. Was geschieht mit den Farben? Anschließend trocknen Sie es und rahmen es ein – als Beweis seiner Forscherarbeit. Sie können in Großbuchstaben „Forscher-Diplom für …" darüberschreiben und den Namen Ihres Kindes sowie das Datum eintragen.

## FORSCHERAUSRÜSTUNG

Blatt Papier, A4
Folie
Lupe oder Fernglas
Eimer
Glas oder Messbecher
etwas bunte Kreide

### FORSCHER-AUSRÜSTUNG – ASSISTENT

Trinkflaschen
Regenschirm
Fotoapparat
Schirm

### STÄRKUNG FÜR KLEINE FORSCHER

Natürlich muss ein Forscher gut verpflegt werden. Ihnen als Begleitung kommt die Versorgeraufgabe zu. Neben einem normalen Picknick können Sie das Catering passend zum Thema gestalten:

Regenbogenstulle: Butterbrot belegt mit verschiedenfarbigen Paprikastreifen
(Sommer-)Matschpfütze: warmer Kakao
Hagelkörner: Erdnüsse
Dauerregen: blaue Gummischnüre

### FORSCHEROUTFIT

Ziehen Sie wasserdichte und ggf. warme Kleidung an. Gummistiefel sind für kleine Regenforscher das beste Schuhwerk. Auch ein Schirm kann beim Forschen große Dienste leisten.

### WAS TUN BEI: VERSAGEN DER AUSRÜSTUNG – ZU ERKENNEN AN DER DURCHNÄSSUNG DES FORSCHERS?

Früher oder später wird Ihr Kind vermutlich innen und außen nass sein. Ist es Sommer und der Regen wirklich warm, kann Ihr Kind damit noch eine Weile draußen bleiben – wenn Sie selbst frösteln, sollte auch der kleine Forscher ins Haus gehen. Bei kälterem Wetter sollte Ihr Kind ins Warme gebracht werden, wenn die Kleidung unter Jacke bzw. die Socken im Stiefel nass werden. Und nach dem Forschen nimmt der/die Wissenschaftler/in am besten ein warmes Bad!

# Ein Tag in der Stadt

Natur in der Stadt? Gibt es mehr, als man denkt! Wind und Wetter, Tiere und immer wieder ein bisschen Grün. Geben Sie Ihrem Kind einen Forscherauftrag für die Stadt. Lassen Sie es die Führung übernehmen und einfach loslaufen. Es erledigt seine Forscheraufträge – Sie können mit ihm staunen, die Natur genießen und als Assistent hin und wieder aushelfen.

## FORSCHUNGS-AUFTRAG

1. Halte Ausschau nach Tieren – großen und kleinen. Welche entdeckst du?
2. Setz dich auf eine Bank o. Ä. und mach eine Strichliste: Wie viele große Bäume/Hunde/Insekten/kleine Singvögel/Tauben zählst du in zehn Minuten?
3. Suche Spinnen oder Spinnennetze. Wo hängen Sie? Male ein Netz auf.
4. Suche und pflücke (mit dem Assistenten absprechen) drei Blumen, Gräser oder Unkräuter, die zwischen den Steinen oder an Hausmauern wachsen. Was sind das für Pflanzen?
5. Schließe die Augen. Sicherlich hörst du Verkehrsgeräusche. Aber hör genau hin – brummt da vielleicht eine Hummel? Zwitschert ein Vogel, bellt ein Hund?
6. Oft liegen unter den Bäumen heruntergefallene Dinge – Blätter, Zweige, Blüten, Früchte bzw. Samen. Entdeckst du etwas? Findet gemeinsam heraus, welcher Baum dort steht.

## FORSCHER-AUSRÜSTUNG

Lupe
Notizbuch
Stift
Stofftasche für Fundstücke

## FORSCHER-DIPLOM

Geben Sie Ihrem Kind einen kleinen Sonderauftrag: Es soll einen am Boden liegenden Ast finden, der dicker ist als sein Daumen. Nehmen Sie ihn mit nach Hause, trocknen Sie ihn und schneiden Sie eine Scheibe ab. Bohren Sie ein kleines Loch hinein und hängen Sie die Scheibe an ein Lederband. Die Kette ist eine Anerken-nung für Ihr Kind und es kann sich als Stadt-Forscher ausweisen. Sie können auch Namen/Initialen und Datum auf die Rückseite schreiben.

## FORSCHER AUSRÜSTUNG–ASSISTENT

Trinkflasche
Fotoapparat

### FORSCHUNGS-GEBIET

Nehmen Sie einfach Ihre nähere Umgebung. Vielleicht haben Sie Glück und einen großen Park in der Nähe – aber auch kleine Grünanlagen, sogar Grünstreifen und Bäume am Rand der Gehwege genügen, um die Natur ein wenig zu erforschen. Achten Sie aber bitte auf die Sicherheit Ihres Kindes in verkehrsreicher Umgebung. Natürlich können Sie jederzeit einen Forschungsgang durch die Stadt machen, aber in der wärmeren Saison gibt es deutlich mehr zu entdecken, daher sind bei längerer Planungsmöglichkeit sicher Frühlings- und Sommermonate zu bevorzugen.

### FORSCHER-OUTFIT

Ihr Kind benötigt kein besonderes Outfit. Eine Schirmmütze gegen zu helle Sonnenstrahlen und Sonnencreme bei Sonne oder wasserdichte Kleidung bei Regen sind sinnvoll.

### STÄRKUNG FÜR KLEINE FORSCHER

Natürlich muss ein Forscher gut verpflegt werden. Ihnen als Begleitung kommt die Versorgeraufgabe zu. Neben einem normalen Picknick können Sie das Catering passend zum Thema gestalten:

Entenfutter: in Häppchen geschnittenes Butterbrot

Eichhörnchenlockmittel: Nüsse und Rosinen

Meisenknödel: Frikadellen

Hundehäufchen: Schokoladenstücke

### WAS TUN BEI: UNGÜNSTIGER FORSCHUNGSLAGE – IHR FORSCHER ENTDECKT EINFACH NICHTS?

Manchmal fehlt zu Beginn der Blick für die kleinen Naturerlebnisse. Spielen Sie „Ich sehe was, was du nicht siehst“ mit Ihrem Kind. Sie können Farben nennen – oder Pflanzen, die Sie bereits entdeckt haben („… und das ist Moos/eine gelbe Blüte/ein kleiner Vogel hoch oben“ etc.). So motivieren Sie Ihr Kind, auch genau hinzuschauen. Hilft das auch nicht, tauschen Sie die Rollen: Sie mimen den Forscher und Ihr Kind wird zum Assistenten. Was entdecken Sie in der städtischen Umgebung? Ihr Kind darf mitschauen, sammeln, notieren. Für manche Kinder ist das genau die richtige Art der Forschung.

# Forschungsreise an einem düsteren Tag

Februar, November – es gibt in der dunklen Jahreszeit manchmal wirklich trübe Tage. Das Wetter ist grau und unfreundlich, die Menschen auch, weder Sonne noch Sturm machen die Natur interessant. Bei dieser Stimmung nach draußen? Unbedingt! Geben Sie Ihrem Kind einen Forscherauftrag für die Stadt. Lassen Sie es die Führung übernehmen und einfach loslaufen. Es erledigt seine Forscheraufträge – Sie können mit ihm lachen, die Stimmung aufhellen und als Assistent hin und wieder aushelfen.

## FORSCHUNGS-AUFTRAG

1. Suche nach Tieren! Verhalten sie sich anders als sonst? Stört sie das nasskalte Wetter? Fehlen Tiere, die sonst immer da sind?
2. Was machen die Pflanzen an so einem düsteren Tag? Sind die Blüten geschlossen? Fühlen sich die Blätter der Bäume und Sträucher trocken an oder feucht?
3. Schließe die Augen und atme tief ein und aus. Wonach riecht es? Riecht es nass oder trocken? Nach Erde oder Regen?
4. Sieh dich um: Findest du deinen Schatten? Entdeckst du bei größeren Pflanzen oder Bäumen einen Schatten? Oder ist es so trübe, dass nicht genug Licht dafür da ist? Kannst du Schatten mit deiner Taschenlampe machen?
5. Wandere umher und schau genau: Bei feuchtem Wetter kommen oft Schnecken und Regenwürmer hervor. Entdeckst du, welche? Zeichne sie ab!

## FORSCHER-AUSRÜSTUNG

Taschenlampe
Notizbuch
Bleistift

## FORSCHER-DIPLOM

Geben Sie Ihrem Kind einen kleinen Sonderauftrag: Es soll dem Wetter die Stirn bieten und so fröhlich schauen und hüpfen, wie es kann. Fotografieren Sie es dabei. Später drucken Sie das schönste Bild aus und rahmen es ein – als Beweis seiner wertvollen Forscherarbeit. Schreiben Sie darunter: „Forscher … hat festgestellt, dass trübes Wetter uns nicht die Laune vermiesen kann. Wir danken ihm dafür."

## STÄRKUNG FÜR KLEINE FORSCHER

Natürlich muss ein Forscher gut verpflegt werden. Ihnen als Begleitung kommt die Versorgeraufgabe zu. Neben einer normalen Brotdose können Sie das Catering passend zum Thema gestalten:
Nebelstreifen: länglich geschnittene Sandwiches
Graue Schietwetter-Gnome: blaue Weintrauben
Nölige Nebel-Gespenster: weiße Marshmallows oder Schaumküsse mit mauligen Gesichtern aus Zuckerschrift

## FORSCHER-OUTFIT

Kälte verdirbt die Stimmung. Kleiden Sie sich und Ihr Kind warm und kuschelig ein, vielleicht sogar mit einem bunten Schal.

## FORSCHUNGSGEBIET

Trübes Wetter gibt es überall, das Forschungsgebiet ist also beliebig. Gehen Sie einfach vor die Tür, schon die frische Luft wird Ihnen und Ihrem Kind guttun.

## WAS TUN BEI: GEFÄHRDUNG DER MISSION – ZU ERKENNEN AN DER SCHLECHTEN LAUNE DES FORSCHERS?

Wenn die trübe Stimmung droht, sich auf Ihren Forscher zu übertragen, heitern Sie ihn rasch auf. Beim Spielen vergisst Ihr Kind die Umgebung, daher spielen Sie Verstecken (Such mich, trüber Nebelgeist!), Fangen (Fang mich doch, du Gewitterwolke!) oder Blinde Kuh (Huch, ist das neblig – wo bist du bloß, Forscher?). Danach können Sie gut gelaunt noch einmal nach kleinen Tieren schauen, die sich vom Wetter auch nicht beeindrucken lassen.

## FORSCHER-AUSRÜSTUNG – ASSISTENT

Lauwarmer Kakao oder Tee in der Trinkflasche
Fotoapparat

# Forschungsreise ans Meer

Ein Tag am Meer ist wie Urlaub. Wenn alle Sandburgen gebaut wurden und gerade keiner baden möchte, geben Sie Ihrem Kind doch mal einen Forscherauftrag! Lassen Sie es die Führung übernehmen und einfach loslaufen. Es erledigt seine Forscheraufträge – Sie können dem Meeresrauschen lauschen und als Assistent hin und wieder aushelfen.

## FORSCHUNGS-AUFTRAG

1. Welche Tierarten entdeckst du – im Himmel, am Strand, im Meer?
2. Streiche Meerwasser auf deine Lippen und lecke es mit der Zunge ab. Was schmeckst du?
3. Sammle unterschiedliche Muscheln. Schau genau hin: Was unterscheidet sie? Zeichne die Muscheln ab.
4. Schließe die Augen. Was hörst du? Findest du heraus, wer oder was diese Geräusche verursacht ohne nachzuschauen?
5. Das Meer spült viele Sachen an den Strand. Was entdeckst du? Schau dir die winzigen Teile an – erkennst du, was es jeweils ist (Stein, Holz, Glasscherbe etc.)?

## FORSCHER-ZERTIFIKAT

Geben Sie Ihrem Kind einen kleinen Sonderauftrag: Es soll für sich eine hübsche große Muschel mit Loch finden. Später befestigen Sie diesen Beweis seiner Forscherarbeit an einem hübschen Band – so hat Ihr Kind eine Anerkennung und kann sich als Meeresforscher ausweisen.

## FORSCHUNGS-GEBIET

Sie brauchen nicht viel Platz – ein Fleckchen am Strand findet sich immer. Sand, Sonne, Meer und Wind faszinieren die Sinne und prägen schöne Erinnerungen.

## FORSCHER-AUSRÜSTUNG – ASSISTENT

Sandfeste Trinkflaschen
Handtücher
Kleine Mülltüte
Kleine Notfalltasche (Pflaster etc.)
Sonnencreme
Schaufel und Eimer

## STÄRKUNG FÜR KLEINE FORSCHER

Natürlich muss ein Forscher gut verpflegt werden. Ihnen als Begleitung kommt die Versorgeraufgabe zu. Neben einem normalen Picknick können Sie das Catering passend zum Thema gestalten:

Möwenfutter: salzige Fischlis

Kutterstulle: Fischfrikadelle (oder Fischstäbchen) im Brötchen

Neptuns Algenmus: grüne Götterspeise

Krebs-Köstlichkeit: Salat aus kleinen Muschelnudeln

## FORSCHER-OUTFIT

Kleiden Sie sich und Ihr Kind je nach Wetter luftig oder windgeschützt und warm ein. Bei Sonne sollten Sie an Mützen und Sonnencreme sowie an ein helles T-Shirt denken, damit Ihr Kind keinen Sonnenbrand bekommt. Natürlich brauchen Sie auch ein Handtuch, denn an einem Tag am Meer werden mit Sicherheit mindestens die Füße nass.

## FORSCHER-AUSRÜSTUNG

Lupe
Bleistift
Notizbuch
Evtl. Sonnenbrille
Kleine Dose oder Tüte für Muscheln

## WAS TUN BEI: INTENSIVER WETTERLAGE, BEMERKBAR AN SCHLECHTER FORSCHERLAUNE?

Zu kalt, zu heiß, zu windig – am Meer nimmt man das Wetter sehr intensiv wahr. Versuchen Sie, das Wetter für die Forschung zu nutzen: Ist es sehr windig, bauen Sie gemeinsam einen Schutzwall aus Sand – buddeln Sie richtig tief, bis Sie windgeschützt im Loch sitzen können. Oder halten Sie trockenen Sand auf der Handfläche in die Luft. Pustet der Wind ihn fort? In welche Richtung? Bei Kälte hilft Bewegung – rennen im weichen Sand ist sehr anstrengend und wärmt sofort. Spielen Sie Fangen oder ziehen Sie mit den Füßen Striche in den Sand – malen Sie so gemeinsam ein großes Bild. Bei zu viel Hitze hilft natürlich der Gang ins Wasser. Rennen, toben, nass spritzen – und bald ist der kleine Forscher wieder abgekühlt!

**Sandra Grimm** ist Diplompädagogin und Kinderbuchautorin. Sie hält Vorträge im Kindergarten und arbeitet ehrenamtlich in der Kinder- und Jugendarbeit. Außerdem schreibt sie Kinderbücher für verschiedene Altersgruppen, entwickelt pädagogische Spiele und verfasst Vorworte und Ratgebertexte. Sandra Grimm hat drei Kinder im Kleinkindalter, mit denen sie alle Ideen mit viel Spaß ausprobieren kann.

Hilfestellung zu allen Fragen, die Materialien und Kreativbücher betreffen: Frau Erika Noll berät Sie. Rufen Sie an: 05052/911858* *normale Telefongebühren

## IMPRESSUM

FOTOS: frechverlag GmbH, 70499 Stuttgart; www. fotolia.de: S. 6 (yanlev), S. 8 (Duris Guillaume), S. 9 (swed), S. 10 (ines wohlrabe-meier), S. 14 (mbt_studio), S. 17 (Denis Wiens), S. 19 (Alena Ozerova), S. 20 (Niole Effinger), S. 21 (77SG), S. 23 (StefanieB.), S. 24 (Sonia Chatelain), S. 25 (Contrastwerkstatt), S. 27 (Samuel Borges), S. 28 (Travelbook), S. 30 (CBreywisch), S. 32 (LLUSTRA), S. 34 (nupict), S. 36 (Jeanette Dietl), S. 37 (Team5), S. 44 (drx), S. 45 (Malin Jo), S. 48 (st-fotograf), S. 58 (Monia), S. 61 (somenski), S. 62 (Chepko Danil), S. 63 (pohewa), S. 64 (sitriel), S. 66 (Ciaobucarest), S. 67 (majesticca), S. 68 (Stefan Körber), S. 69 (Maksim Shebeko), S. 70 (Ingrid), S. 63 (mbt_studio), S. 74 (Africa Studio), S. 75 (gorilla), S. 77 (Vibe Images), S. 78 (Stephanie Bandmann), S. 82 (auremar), S. 84 (chris-m), S. 86 (Michael Krüger), S. 89 (Ron Greer), S. 90 (belamy), S. 92 (TheSupe87), S. 94 (Vibe Images), S. 97 (gyso4ka), S. 98 (Kzenon), S. 102 (somenski), S. 105 (creative Studio); Lutz Grimm (S. 22, 40, 41, 43, 46, 49, 51, 54, 56, 57, 83), www.istokphoto.com : S. 96 (Willsie); lichtpunkt, Michael Ruder, Stuttgart (S. 12, 13, 16, 31, 38, 39, 52, 53, 55, 72, 87, 95, 99, 101, 103, 104, 106, 108, 109); Christiane Steffan (S. 35, 42, 76); Tanja Wechs (S. 11)

COVERFOTO: lichtpunkt, Michael Ruder, Stuttgart

ILLUSTRATIONEN: Christine Bietz

KONZEPT: Hannelore Irmer-Romeo, Sandra Grimm, Angela Vornefeld

PRODUKTMANAGEMENT UND LEKTORAT: Angela Vornefeld und Carolin Eichenlaub

COVERGESTALTUNG: Katrin Röhlig

LAYOUTKONZEPT UND UMSETZUNG: Katrin Röhlig

DRUCK: GGP Media GmbH, Pößneck



1. Auflage 2013



**PRINTED IN GERMANY**

Best.-Nr. 5785
ISBN 978-3-7724-5785-2